中国旅游统计年鉴

（副本）

THE YEARBOOK OF CHINA TOURISM STATISTICS (SUPPLEMENT)

2013

中华人民共和国国家旅游局
NATIONAL TOURISM ADMINISTRATION OF
THE PEOPLE'S REPUBLIC OF CHINA

中国旅游出版社

中国旅游统计年鉴编辑委员会

LIST OF EDITIONAL BOARD OF THE YEARBOOK OF CHINA TOURISM STATISTICS

编 者 说 明

《中国旅游统计年鉴（副本）2013》是反映2012年我国旅游业供给要素诸方面情况的资料性年刊。主要内容有，上篇：全国旅游企业综合资料，包括各省、自治区、直辖市和主要城市旅游企业的主要经济指标；下篇：全国星级饭店综合资料。

作为《中国旅游统计年鉴》的重要补充，本书是了解、研究我国旅游生产力的规模、布局、结构以及旅游企业经济效益等方面情况的重要参考资料，翔实的旅游饭店的统计资料，对于研究旅游饭店业在我国旅游业跨世纪发展中的地位、作用及自身发展轨迹更具有重要的参考价值。本书可供旅游部门、国民经济各有关部门、教学科研单位以及经济工作者和大专院校师生使用。

本书资料来源于全国各省、自治区、直辖市旅游局每年进行的定期报表统计，统计口径与国家旅游局和国家统计局联合制定的《旅游统计调查制度》规定的口径一致。

全国统计数据均未包括我国香港特别行政区、澳门特别行政区和台湾省的数字。

本书中有“#”号者表示为该栏的主要项或其中项；有“—”号者表示该项数据不详或无可比性。

中国旅游统计年鉴编委会

二〇一三年九月

目　　录

上篇　全国旅游企业综合资料

十、全国一星级饭店综合资料

上　　篇

全国旅游企业综合资料

一、全国旅游企业综合资料

1-1 全国旅游企业

	固定资产原价（万元）	营业收入（万元）	利润（万元）	营业税金及附加（万元）
合计	**65 977 971.54**	**62 541 346.79**	**1 132 060.23**	**1 845 297.36**
（一）旅行社	7 147 655.33	33 747 460.41	245 784.91	147 095.76
（二）星级饭店	47 675 434.82	24 302 157.62	504 636.54	1 529 517.73
内资饭店	39 962 118.29	20 989 693.18	179 506.35	1 346 458.21
外资饭店	7 713 316.53	3 312 464.44	325 130.19	183 059.52
（三）旅游景区	11 154 881.39	4 491 728.76	381 638.78	168 683.87

主要经济指标（按行业分）

利润率 （%）	全员劳动生产率 (万元／人)	人均实现利润 (万元／人)	人均固定资产原价 (万元／人)	从业人员 （人）	企业数 （家）
1.81	**29.29**	**0.53**	**30.90**	**2 135 247**	**38 275**
0.73	106.05	0.77	22.46	318 223	24 944
2.08	15.28	0.32	29.97	1 590 590	11 367
0.86	14.49	0.12	27.59	1 448 434	10 900
9.82	23.30	2.29	54.26	142 156	467
8.50	19.84	1.69	49.26	226 434	1 964

1-2 全国旅行社

	固定资产原　价（万元）	营业收入（万元）	利　润（万元）	营业税金及附加（万元）
全　国	**7 147 655.33**	**33 747 461.19**	**245 784.91**	**147 095.76**
北　京	1 081 867.90	5 367 907.22	34 155.00	21 127.30
天　津	207 177.70	309 640.60	504.46	3 024.17
河　北	114 289.64	324 748.70	1 472.44	1 554.31
山　西	113 320.37	379 574.30	−1 665.25	1 212.42
内蒙古	136 918.19	206 322.00	2 829.87	1 715.90
辽　宁	118 810.97	706 537.80	5 866.69	2 608.57
吉　林	67 597.89	125 528.10	327.31	564.44
黑龙江	97 559.60	253 952.40	5 794.60	2 153.74
上　海	622 592.74	4 667 805.00	79 460.24	15 922.19
江　苏	637 301.43	2 291 764.00	18 059.06	10 046.22
浙　江	471 515.50	2 599 762.00	15 149.37	11 488.37
安　徽	108 554.80	600 108.20	7 137.83	3 152.64
福　建	241 882.45	1 205 093.00	10 614.57	5 379.94
江　西	116 121.15	461 083.50	−6 467.93	2 149.87
山　东	516 025.83	1 518 049.00	−10 505.63	6 934.66
河　南	321 190.25	370 503.00	1 527.61	2 073.34
湖　北	311 731.70	1 082 353.00	14 792.39	5 752.82
湖　南	569 937.00	1 477 928.00	18 228.52	5 929.84
广　东	426 111.60	4 684 395.00	22 479.13	23 050.78
广　西	43 494.51	505 861.40	44.41	1 738.71
海　南	132 742.57	446 845.60	−2 125.40	1 382.78
重　庆	155 055.58	1 014 006.00	2 424.46	3 191.89
四　川	207 744.98	716 563.10	21 721.09	5 650.12
贵　州	116 865.68	213 233.50	704.96	773.75
云　南	21 357.65	1 134 540.00	2 249.42	4 053.71
西　藏	14 297.26	51 793.51	31.66	296.39
陕　西	43 724.34	542 880.30	−2 439.84	1 575.54
甘　肃	8 250.77	121 381.70	1 073.14	786.26
青　海	68 868.18	63 161.21	213.13	374.46
宁　夏	5 967.46	79 314.48	585.25	251.36
新　疆	48 779.64	224 824.79	1 542.35	1 179.27

主要经济指标（按地区分）

利润率 （%）	全员劳动生产率 (万元／人)	人均实现利润 (万元／人)	人均固定资产原价 (万元／人)	从业人员 （人）	企业数 （家）
0.73	**106.05**	**0.77**	**22.46**	**318 223**	**24 944**
0.64	192.76	1.23	38.85	27 848	1 021
0.16	72.81	0.12	48.71	4 253	344
0.45	44.91	0.20	15.81	7 231	1 252
−0.44	50.64	−0.22	15.12	7 496	796
1.37	39.34	0.54	26.11	5 244	779
0.83	89.40	0.74	15.03	7 903	1 141
0.26	40.69	0.11	21.91	3 085	540
2.28	53.60	1.22	20.59	4 738	654
1.70	194.95	3.32	26.00	23 944	1 090
0.79	126.50	1.00	35.18	18 117	1 996
0.58	98.18	0.57	17.81	26 480	1 894
1.19	67.63	0.80	12.23	8 873	986
0.88	91.64	0.81	18.39	13 151	760
−1.40	64.39	−0.90	16.22	7 161	760
−0.69	81.66	−0.57	27.76	18 591	1 963
0.41	42.50	0.18	36.85	8 717	1 141
1.37	81.84	1.12	23.57	13 225	1 041
1.23	109.87	1.36	42.37	13 451	723
0.48	130.03	0.62	11.83	36 025	1 512
0.01	60.85	0.01	5.23	8 313	510
−0.48	89.60	−0.43	26.62	4 987	311
0.24	130.13	0.31	19.90	7 792	435
3.03	77.86	2.36	22.57	9 203	534
0.33	77.09	0.25	42.25	2 766	278
0.20	92.51	0.18	1.74	12 264	602
0.06	38.03	0.02	10.50	1 362	99
−0.45	74.06	−0.33	5.97	7 330	644
0.88	39.95	0.35	2.72	3 038	427
0.34	43.44	0.15	47.36	1 454	212
0.74	81.68	0.60	6.15	971	101
0.69	70.04	0.48	15.20	3 210	398

1-3 全国星级饭店

	固定资产原价（万元）	营业收入（万元）	利润（万元）	营业税金及附加（万元）
全国	**47 675 434.82**	**24 302 157.62**	**504 636.54**	**1 529 517.73**
北京	6 408 967.70	2 953 663.10	190 771.90	164 007.50
天津	440 819.09	282 590.15	–18 583.17	16 199.12
河北	1 608 865.90	716 284.59	–57 373.29	41 846.04
山西	1 081 787.28	525 431.79	–30 988.43	31 174.83
内蒙古	732 536.80	321 210.32	–22 815.94	16 613.79
辽宁	1 821 278.52	727 860.08	–30 364.91	40 184.53
吉林	695 747.15	279 097.85	–18 726.56	39 000.09
黑龙江	580 423.88	257 018.72	8 047.66	111 571.99
上海	4 438 303.57	1 811 587.84	128 786.60	94 843.03
江苏	2 952 918.22	1 863 685.30	22 298.77	100 543.78
浙江	3 543 893.34	2 040 982.16	25 044.78	116 305.91
安徽	1 155 464.20	589 300.61	15 930.99	31 591.81
福建	1 312 446.45	967 516.54	39 231.62	55 199.70
江西	672 306.64	348 182.88	11 245.56	19 596.43
山东	3 134 876.56	1 647 408.16	–7 537.00	88 748.82
河南	906 967.31	502 479.97	–19 002.51	28 900.65
湖北	1 031 113.67	561 726.55	–5 062.73	32 076.41
湖南	1 365 406.28	861 878.74	41 514.20	47 301.03
广东	4 360 771.59	2 583 403.83	87 457.89	153 802.58
广西	882 322.67	443 306.13	–1 191.18	32 839.87
海南	1 065 782.19	477 823.50	97 564.41	26 314.82
重庆	796 667.47	492 770.27	14 293.12	26 822.90
四川	1 564 945.85	805 187.22	30 305.92	43 133.64
贵州	445 900.89	245 265.42	14 658.37	13 811.73
云南	1 009 215.49	436 890.37	5 351.66	34 082.70
西藏	412 940.10	58 084.85	1 964.49	3 642.25
陕西	1 069 746.68	535 493.13	–5 160.94	29 109.58
甘肃	620 347.10	255 867.30	1 853.16	13 779.89
青海	162 990.09	70 455.38	1 302.34	32 021.69
宁夏	274 224.32	110 548.81	–10 086.71	5 449.24
新疆	1 125 457.82	529 156.06	–6 093.53	39 001.38

主要经济指标（按地区分）

利润率 （%）	全员劳动生产率 （万元／人）	人均实现利润 （万元／人）	人均固定资产原价 （万元／人）	从业人员 （人）	企业数 （家）
2.08	**15.28**	**0.32**	**29.97**	**1 590 590**	**11 367**
6.46	24.48	1.58	53.11	120 674	584
−6.58	15.48	−1.02	24.15	18 252	103
−8.01	11.77	−0.94	26.44	60 849	404
−5.90	11.05	−0.65	22.75	47 541	280
−7.10	12.55	−0.89	28.63	25 589	245
−4.17	13.52	−0.56	33.84	53 820	399
−6.71	12.93	−0.87	32.24	21 580	192
3.13	11.83	0.37	26.72	21 723	236
7.11	27.73	1.97	67.94	65 331	281
1.20	17.78	0.21	28.17	104 811	732
1.23	17.95	0.22	31.17	113 701	783
2.70	13.30	0.36	26.08	44 304	383
4.05	10.76	0.44	14.60	89 905	390
3.23	11.37	0.37	21.95	30 627	303
−0.46	14.97	−0.07	28.48	110 083	796
−3.78	10.50	−0.40	18.96	47 834	339
−0.90	14.11	−0.13	25.90	39 813	367
4.82	15.72	0.76	24.90	54 830	449
3.39	16.76	0.57	28.29	154 157	927
−0.27	12.39	−0.03	24.65	35 789	339
20.42	19.41	3.96	43.29	24 619	155
2.90	14.64	0.42	23.66	33 667	240
3.76	13.96	0.53	27.13	57 675	396
5.98	10.72	0.64	19.49	22 883	290
1.22	7.88	0.10	18.20	55 453	480
3.38	7.98	0.27	56.73	7 279	102
−0.96	11.87	−0.11	23.71	45 115	283
0.72	9.14	0.07	22.16	27 995	287
1.85	10.30	0.19	23.83	6 840	84
−9.12	11.29	−1.03	28.00	9 792	77
−1.15	13.90	−0.16	29.57	38 059	441

1-4 全国内资星级饭店

	固定资产原价（万元）	营业收入（万元）	利润（万元）	营业税金及附加（万元）
全国	**39 962 118.29**	**20 989 693.18**	**179 506.35**	**1 346 458.21**
北京	4 320 473.40	2 020 870.60	12 363.70	112 679.20
天津	440 819.09	282 590.15	–18 583.17	16 199.12
河北	1 522 609.86	695 188.95	–52 580.97	40 649.68
山西	1 072 095.65	514 228.59	–30 441.12	30 534.76
内蒙古	617 210.90	290 534.12	–20 783.84	15 628.19
辽宁	1 089 384.50	511 555.31	–41 066.02	27 369.57
吉林	614 052.65	249 513.55	–23 223.46	37 469.79
黑龙江	518 133.88	226 213.82	3 023.36	109 893.09
上海	4 214 642.97	1 745 485.84	109 103.40	91 145.03
江苏	2 684 330.62	1 693 971.28	19 180.49	91 136.75
浙江	2 986 160.48	1 818 656.16	–1 098.95	104 059.84
安徽	1 063 824.96	560 577.10	16 190.89	29 977.69
福建	902 823.82	679 746.46	15 002.83	38 841.98
江西	638 366.99	332 333.32	12 115.26	18 721.90
山东	2 798 271.72	1 526 267.77	–7 220.13	82 492.05
河南	816 298.01	447 374.77	–11 050.51	25 903.95
湖北	886 047.99	478 112.44	–7 561.15	27 582.74
湖南	1 313 916.12	836 734.48	41 572.29	46 101.66
广东	3 139 912.46	2 002 569.18	66 672.79	121 027.62
广西	701 868.72	398 159.10	4 673.51	30 302.81
海南	768 135.14	331 404.44	50 145.95	18 154.64
重庆	611 323.72	428 764.88	12 014.94	23 412.47
四川	1 556 172.15	803 037.32	30 276.22	43 019.64
贵州	421 976.09	240 625.32	15 005.47	13 548.63
云南	978 053.86	427 562.17	5 303.16	33 576.63
西藏	354 303.26	52 793.93	1 314.09	3 310.95
陕西	829 259.82	461 300.39	–5 977.01	25 290.89
甘肃	580 136.70	246 746.26	1 149.94	13 260.45
青海	158 492.52	66 355.41	1 060.83	31 789.47
宁夏	271 273.82	108 125.91	–9 916.31	5 302.44
新疆	1 091 746.42	512 294.16	–7 160.13	38 074.58

主要经济指标（按地区分）

利润率 （%）	全员劳动生产率 （万元／人）	人均实现利润 （万元／人）	人均固定资产原价 （万元／人）	从业人员 （人）	企业数 （家）
0.86	**14.49**	**0.12**	**27.59**	**1 448 434**	**10 900**
0.61	21.09	0.13	45.09	95 815	536
−6.58	15.48	−1.02	24.15	18 252	103
−7.56	11.81	−0.89	25.87	58 848	396
−5.92	11.02	−0.65	22.98	46 663	277
−7.15	11.89	−0.85	25.25	24 443	243
−8.03	11.64	−0.93	24.79	43 949	359
−9.31	12.16	−1.13	29.93	20 517	190
1.34	10.89	0.15	24.95	20 771	231
6.25	27.48	1.72	66.34	63 527	278
1.13	17.52	0.20	27.76	96 699	700
−0.06	17.44	−0.01	28.64	104 279	756
2.89	13.22	0.38	25.10	42 388	374
2.21	9.01	0.20	11.96	75 462	337
3.65	11.20	0.41	21.52	29 669	294
−0.47	14.67	−0.07	26.89	104 056	770
−2.47	10.14	−0.25	18.50	44 119	330
−1.58	13.47	−0.21	24.96	35 503	350
4.97	15.97	0.80	25.08	52 386	437
3.33	16.02	0.53	25.12	125 004	829
1.17	12.22	0.14	21.54	32 589	329
15.13	17.52	2.65	40.61	18 917	140
2.80	13.88	0.39	19.79	30 894	234
3.77	13.99	0.53	27.11	57 404	394
6.24	10.69	0.67	18.75	22 509	288
1.24	7.82	0.10	17.88	54 694	470
2.49	7.58	0.19	50.84	6 969	99
−1.30	11.14	−0.14	20.02	41 427	273
0.47	8.97	0.04	21.09	27 505	285
1.60	10.15	0.16	24.23	6 540	83
−9.17	11.33	−1.04	28.41	9 547	76
−1.40	13.81	−0.19	29.44	37 089	439

1-5 全国外资星级饭店

	固定资产原　价（万元）	营业收入（万元）	利　润（万元）	营业税金及附加（万元）
全　国	**7 713 316.53**	**3 312 464.44**	**325 130.19**	**183 059.52**
北　京	2 088 494.30	932 792.50	178 408.20	51 328.30
天　津	—	—	—	—
河　北	86 256.04	21 095.64	-4 792.32	1 196.36
山　西	9 691.63	11 203.20	-547.31	640.07
内蒙古	115 325.90	30 676.20	-2 032.10	985.60
辽　宁	731 894.02	216 304.77	10 701.11	12 814.96
吉　林	81 694.50	29 584.30	4 496.90	1 530.30
黑龙江	62 290.00	30 804.90	5 024.30	1 678.90
上　海	223 660.60	66 102.00	19 683.20	3 698.00
江　苏	268 587.60	169 714.02	3 118.28	9 407.03
浙　江	557 732.86	222 326.00	26 143.73	12 246.07
安　徽	91 639.24	28 723.51	-259.90	1 614.12
福　建	409 622.63	287 770.08	24 228.79	16 357.72
江　西	33 939.65	15 849.56	-869.70	874.53
山　东	336 604.84	121 140.39	-316.87	6 256.77
河　南	90 669.30	55 105.20	-7 952.00	2 996.70
湖　北	145 065.68	83 614.11	2 498.42	4 493.67
湖　南	51 490.16	25 144.26	-58.09	1 199.37
广　东	1 220 859.13	580 834.65	20 785.10	32 774.96
广　西	180 453.95	45 147.03	-5 864.69	2 537.06
海　南	297 647.05	146 419.06	47 418.46	8 160.18
重　庆	185 343.75	64 005.39	2 278.18	3 410.43
四　川	8 773.70	2 149.90	29.70	114.00
贵　州	23 924.80	4 640.10	-347.10	263.10
云　南	31 161.63	9 328.20	48.50	506.07
西　藏	58 636.84	5 290.92	650.40	331.30
陕　西	240 486.86	74 192.74	816.07	3 818.69
甘　肃	40 210.40	9 121.04	703.22	519.44
青　海	4 497.57	4 099.97	241.51	232.22
宁　夏	2 950.50	2 422.90	-170.40	146.80
新　疆	33 711.40	16 861.90	1 066.60	926.80

主要经济指标（按地区分）

利润率 （%）	全员劳动生产率 （万元／人）	人均实现利润 （万元／人）	人均固定资产原价 （万元／人）	从业人员 （人）	企业数 （家）
9.82	**23.30**	**2.29**	**54.26**	**142 156**	**467**
19.13	37.52	7.18	84.01	24 859	48
—	—	—	—	—	—
−22.72	10.54	−2.39	43.11	2 001	8
−4.89	12.76	−0.62	11.04	878	3
−6.62	26.77	−1.77	100.63	1 146	2
4.95	21.91	1.08	74.15	9 871	40
15.20	27.83	4.23	76.85	1 063	2
16.31	32.36	5.28	65.43	952	5
29.78	36.64	10.91	123.98	1 804	3
1.84	20.92	0.38	33.11	8 112	32
11.76	23.60	2.77	59.19	9 422	27
−0.90	14.99	−0.14	47.83	1 916	9
8.42	19.92	1.68	28.36	14 443	53
−5.49	16.54	−0.91	35.43	958	9
−0.26	20.10	−0.05	55.85	6 027	26
−14.43	14.83	−2.14	24.41	3 715	9
2.99	19.40	0.58	33.66	4 310	17
−0.23	10.29	−0.02	21.07	2 444	12
3.58	19.92	0.71	41.88	29 153	98
−12.99	14.11	−1.83	56.39	3 200	10
32.39	25.68	8.32	52.20	5 702	15
3.56	23.08	0.82	66.84	2 773	6
1.38	7.93	0.11	32.38	271	2
−7.48	12.41	−0.93	63.97	374	2
0.52	12.29	0.06	41.06	759	10
12.29	17.07	2.10	189.15	310	3
1.10	20.12	0.22	65.21	3 688	10
7.71	18.61	1.44	82.06	490	2
5.89	13.67	0.81	14.99	300	1
−7.03	9.89	−0.70	12.04	245	1
6.33	17.38	1.10	34.75	970	2

1-6 全国旅游景区

	固定资产原价（万元）	营业收入（万元）	利润（万元）	营业税金及附加（万元）
全国	**11 154 881.39**	**4 491 728.76**	**381 638.78**	**168 683.87**
北京	693 233.62	160 724.73	–6 801.42	6 114.85
天津	96 327.82	55 473.86	2 710.52	1 987.93
河北	438 851.91	123 225.08	–29 237.90	4 543.64
山西	347 644.50	43 253.03	–17 488.05	1 199.86
内蒙古	255 698.50	82 301.47	6 745.94	3 333.97
辽宁	30 443.87	19 860.26	1 007.15	855.94
吉林	87 682.54	23 125.41	–3 708.17	882.27
黑龙江	75 114.57	24 300.47	1 550.95	497.30
上海	752 009.94	266 089.70	38 148.52	8 087.32
江苏	1 526 991.67	393 459.80	–54 225.48	13 805.49
浙江	743 222.49	317 087.96	47 533.56	13 568.25
安徽	286 744.20	136 049.57	13 201.09	6 052.68
福建	222 126.86	187 718.63	13 050.53	5 073.72
江西	103 619.49	121 331.45	18 931.74	3 501.59
山东	571 230.18	256 902.26	31 385.48	10 846.64
河南	541 235.89	225 916.97	22 094.72	7 699.51
湖北	547 152.66	196 939.78	27 399.55	7 369.50
湖南	387 159.06	392 678.54	58 400.05	11 511.27
广东	1 493 410.56	613 754.58	103 753.78	29 531.04
广西	172 996.74	83 467.01	11 627.35	4 314.81
海南	95 256.97	81 601.53	24 828.80	3 436.29
重庆	281 336.41	98 434.06	2 256.45	3 984.00
四川	387 274.97	117 064.39	–742.15	3 458.99
贵州	52 947.05	23 242.44	–996.57	1 023.13
云南	502 463.10	192 933.26	35 269.76	5 551.06
西藏	—	—	—	—
陕西	162 476.17	99 734.01	15 012.40	4 244.01
甘肃	96 566.55	58 590.84	2 004.28	1 530.72
青海	13 600.19	578.74	–492.88	16.59
宁夏	129 844.00	62 748.95	16 370.40	2 758.81
新疆	60 218.91	33 139.98	2 048.38	1 902.69

主要经济指标（按地区分）

利润率（%）	全员劳动生产率（万元／人）	人均实现利润（万元／人）	人均固定资产原价（万元／人）	从业人员（人）	企业数（家）
8.50	**19.84**	**1.69**	**49.26**	**226 434**	**1 964**
−4.23	20.83	−0.88	89.84	7 716	68
4.89	43.75	2.14	75.97	1 268	10
−23.73	14.39	−3.42	51.26	8 561	67
−40.43	7.49	−3.03	60.21	5 774	44
8.20	11.11	0.91	34.53	7 405	104
5.07	15.36	0.78	23.55	1 293	11
−16.04	10.14	−1.63	38.46	2 280	28
6.38	12.06	0.77	37.28	2 015	25
14.34	31.53	4.52	89.11	8 439	69
−13.78	25.62	−3.53	99.42	15 360	146
14.99	18.88	2.83	44.26	16 794	173
9.70	23.47	2.28	49.47	5 796	66
6.95	22.76	1.58	26.93	8 249	64
15.60	32.73	5.11	27.95	3 707	33
12.22	26.48	3.23	58.88	9 702	97
9.78	18.28	1.79	43.80	12 357	120
13.91	17.15	2.39	47.64	11 484	122
14.87	25.97	3.86	25.61	15 119	75
16.90	20.86	3.53	50.76	29 419	136
13.93	10.53	1.47	21.83	7 923	75
30.43	16.97	5.16	19.81	4 809	16
2.29	13.65	0.31	39.02	7 210	62
−0.63	19.21	−0.12	63.54	6 094	76
−4.29	10.20	−0.44	23.23	2 279	25
18.28	17.49	3.20	45.55	11 032	78
—	—	—	—	—	—
15.05	18.42	2.77	30.01	5 414	69
3.42	13.82	0.47	22.78	4 239	33
−85.16	4.10	−3.50	96.46	141	6
26.09	21.45	5.60	44.39	2 925	20
6.18	20.33	1.26	36.94	1 630	46

二、分地区旅游企业资料

2-1　北京市旅游

	固定资产原价（万元）	营业收入（万元）	利润（万元）	营业税金及附加（万元）
合计	**8 184 069.22**	**8 482 295.05**	**218 125.48**	**191 249.65**
（一）旅行社	1 081 867.90	5 367 907.22	34 155.00	21 127.30
（二）星级饭店	6 408 967.70	2 953 663.10	190 771.90	164 007.50
内资饭店	4 320 473.40	2 020 870.60	12 363.70	112 679.20
外资饭店	2 088 494.30	932 792.50	178 408.20	51 328.30
（三）旅游景区	693 233.62	160 724.73	-6 801.42	6 114.85

2-2　天津市旅游

	固定资产原价（万元）	营业收入（万元）	利润（万元）	营业税金及附加（万元）
合计	**744 324.61**	**647 704.61**	**-15 368.19**	**21 211.22**
（一）旅行社	207 177.70	309 640.60	504.46	3 024.17
（二）星级饭店	440 819.09	282 590.15	-18 583.17	16 199.12
内资饭店	440 819.09	282 590.15	-18 583.17	16 199.12
外资饭店	—	—	—	—
（三）旅游景区	96 327.82	55 473.86	2 710.52	1 987.93

企业主要经济指标

利润率 （%）	全员劳动 生产率 （万元／人）	人均实现 利润 （万元／人）	人均固定 资产原价 （万元／人）	从业人员 （人）	企业数 （家）
2.57	**54.29**	**1.40**	**52.38**	**156 238**	**1 673**
0.64	192.76	1.23	38.85	27 848	1 021
6.46	24.48	1.58	53.11	120 674	584
0.61	21.09	0.13	45.09	95 815	536
19.13	37.52	7.18	84.01	24 859	48
–4.23	20.83	–0.88	89.84	7 716	68

企业主要经济指标

利润率 （%）	全员劳动 生产率 （万元／人）	人均实现 利润 （万元／人）	人均固定 资产原价 （万元／人）	从业人员 （人）	企业数 （家）
–2.37	**27.25**	**–0.65**	**31.31**	**23 773**	**457**
0.16	72.81	0.12	48.71	4 253	344
–6.58	15.48	–1.02	24.15	18 252	103
–6.58	15.48	–1.02	24.15	18 252	103
—	—	—	—	—	—
4.89	43.75	2.14	75.97	1 268	10

2-3 河北省旅游

	固定资产原价（万元）	营业收入（万元）	利润（万元）	营业税金及附加（万元）
合计	**2 162 007.45**	**1 164 258.37**	**–85 138.75**	**47 943.99**
（一）旅行社	114 289.64	324 748.70	1 472.44	1 554.31
（二）星级饭店	1 608 865.90	716 284.59	–57 373.29	41 846.04
内资饭店	1 522 609.86	695 188.95	–52 580.97	40 649.68
外资饭店	86 256.04	21 095.64	–4 792.32	1 196.36
（三）旅游景区	438 851.91	123 225.08	–29 237.90	4 543.64

2-4 山西省旅游

	固定资产原价（万元）	营业收入（万元）	利润（万元）	营业税金及附加（万元）
合计	**1 542 752.15**	**948 259.12**	**–50 141.73**	**33 587.11**
（一）旅行社	113 320.37	379 574.30	–1 665.25	1 212.42
（二）星级饭店	1 081 787.28	525 431.79	–30 988.43	31 174.83
内资饭店	1 072 095.65	514 228.59	–30 441.12	30 534.76
外资饭店	9 691.63	11 203.20	–547.31	640.07
（三）旅游景区	347 644.50	43 253.03	–17 488.05	1 199.86

企业主要经济指标

利润率 (%)	全员劳动生产率 (万元／人)	人均实现利润 (万元／人)	人均固定资产原价 (万元／人)	从业人员 (人)	企业数 (家)
−7.31	**15.19**	**−1.11**	**28.21**	**76 641**	**1 723**
0.45	44.91	0.20	15.81	7 231	1 252
−8.01	11.77	−0.94	26.44	60 849	404
−7.56	11.81	−0.89	25.87	58 848	396
−22.72	10.54	−2.39	43.11	2 001	8
−23.73	14.39	−3.42	51.26	8 561	67

企业主要经济指标

利润率 (%)	全员劳动生产率 (万元／人)	人均实现利润 (万元／人)	人均固定资产原价 (万元／人)	从业人员 (人)	企业数 (家)
−5.29	**15.59**	**−0.82**	**25.37**	**60 811**	**1 120**
−0.44	50.64	−0.22	15.12	7 496	796
−5.90	11.05	−0.65	22.75	47 541	280
−5.92	11.02	−0.65	22.98	46 663	277
−4.89	12.76	−0.62	11.04	878	3
−40.43	7.49	−3.03	60.21	5 774	44

2-5 内蒙古自治区旅游

	固定资产原价（万元）	营业收入（万元）	利润（万元）	营业税金及附加（万元）
合计	**1 125 153.49**	**609 833.79**	**–13 240.13**	**21 663.66**
（一）旅行社	136 918.19	206 322.00	2 829.87	1 715.90
（二）星级饭店	732 536.80	321 210.32	–22 815.94	16 613.79
内资饭店	617 210.90	290 534.12	–20 783.84	15 628.19
外资饭店	115 325.90	30 676.20	–2 032.10	985.60
（三）旅游景区	255 698.50	82 301.47	6 745.94	3 333.97

2-6 辽宁省旅游

	固定资产原价（万元）	营业收入（万元）	利润（万元）	营业税金及附加（万元）
合计	**1 970 533.36**	**1 454 258.14**	**–23 491.07**	**43 649.04**
（一）旅行社	118 810.97	706 537.80	5 866.69	2 608.57
（二）星级饭店	1 821 278.52	727 860.08	–30 364.91	40 184.53
内资饭店	1 089 384.50	511 555.31	–41 066.02	27 369.57
外资饭店	731 894.02	216 304.77	10 701.11	12 814.96
（三）旅游景区	30 443.87	19 860.26	1 007.15	855.94

企业主要经济指标

利润率 （%）	全员劳动 生产率 （万元／人）	人均实现 利润 （万元／人）	人均固定 资产原价 （万元／人）	从业人员 （人）	企业数 （家）
–2.17	**15.95**	**–0.35**	**29.43**	**38 238**	**1 128**
1.37	39.34	0.54	26.11	5 244	779
–7.10	12.55	–0.89	28.63	25 589	245
–7.15	11.89	–0.85	25.25	24 443	243
–6.62	26.77	–1.77	100.63	1 146	2
8.20	11.11	0.91	34.53	7 405	104

企业主要经济指标

利润率 （%）	全员劳动 生产率 （万元／人）	人均实现 利润 （万元／人）	人均固定 资产原价 （万元／人）	从业人员 （人）	企业数 （家）
–1.62	**23.08**	**–0.37**	**31.27**	**63 016**	**1 551**
0.83	89.40	0.74	15.03	7 903	1 141
–4.17	13.52	–0.56	33.84	53 820	399
–8.03	11.64	–0.93	24.79	43 949	359
4.95	21.91	1.08	74.15	9 871	40
5.07	15.36	0.78	23.55	1 293	11

2-7 吉林省旅游

	固定资产原价（万元）	营业收入（万元）	利润（万元）	营业税金及附加（万元）
合计	**851 027.58**	**427 751.36**	**–22 107.42**	**40 446.80**
（一）旅行社	67 597.89	125 528.10	327.31	564.44
（二）星级饭店	695 747.15	279 097.85	–18 726.56	39 000.09
内资饭店	614 052.65	249 513.55	–23 223.46	37 469.79
外资饭店	81 694.50	29 584.30	4 496.90	1 530.30
（三）旅游景区	87 682.54	23 125.41	–3 708.17	882.27

2-8 黑龙江省旅游

	固定资产原价（万元）	营业收入（万元）	利润（万元）	营业税金及附加（万元）
合计	**753 098.05**	**535 271.59**	**15 393.21**	**114 223.03**
（一）旅行社	97 559.60	253 952.40	5 794.60	2 153.74
（二）星级饭店	580 423.88	257 018.72	8 047.66	111 571.99
内资饭店	518 133.88	226 213.82	3 023.36	109 893.09
外资饭店	62 290.00	30 804.90	5 024.30	1 678.90
（三）旅游景区	75 114.57	24 300.47	1 550.95	497.30

企业主要经济指标

利润率 （%）	全员劳动生产率 （万元／人）	人均实现利润 （万元／人）	人均固定资产原价 （万元／人）	从业人员 （人）	企业数 （家）
–5.17	**15.87**	**–0.82**	**31.58**	**26 945**	**760**
0.26	40.69	0.11	21.91	3 085	540
–6.71	12.93	–0.87	32.24	21 580	192
–9.31	12.16	–1.13	29.93	20 517	190
15.20	27.83	4.23	76.85	1 063	2
–16.04	10.14	–1.63	38.46	2 280	28

企业主要经济指标

利润率 （%）	全员劳动生产率 （万元／人）	人均实现利润 （万元／人）	人均固定资产原价 （万元／人）	从业人员 （人）	企业数 （家）
2.88	**18.80**	**0.54**	**26.45**	**28 476**	**915**
2.28	53.60	1.22	20.59	4 738	654
3.13	11.83	0.37	26.72	21 723	236
1.34	10.89	0.15	24.95	20 771	231
16.31	32.36	5.28	65.43	952	5
6.38	12.06	0.77	37.28	2 015	25

2-9 上海市旅游

	固定资产原价（万元）	营业收入（万元）	利润（万元）	营业税金及附加（万元）
合计	**5 812 906.25**	**6 745 482.54**	**246 395.36**	**118 852.54**
（一）旅行社	622 592.74	4 667 805.00	79 460.24	15 922.19
（二）星级饭店	4 438 303.57	1 811 587.84	128 786.60	94 843.03
内资饭店	4 214 642.97	1 745 485.84	109 103.40	91 145.03
外资饭店	223 660.60	66 102.00	19 683.20	3 698.00
（三）旅游景区	752 009.94	266 089.70	38 148.52	8 087.32

2-10 江苏省旅游

	固定资产原价（万元）	营业收入（万元）	利润（万元）	营业税金及附加（万元）
合计	**5 117 211.32**	**4 548 909.10**	**-13 867.65**	**124 395.49**
（一）旅行社	637 301.43	2 291 764.00	18 059.06	10 046.22
（二）星级饭店	2 952 918.22	1 863 685.30	22 298.77	100 543.78
内资饭店	2 684 330.62	1 693 971.28	19 180.49	91 136.75
外资饭店	268 587.60	169 714.02	3 118.28	9 407.03
（三）旅游景区	1 526 991.67	393 459.80	-54 225.48	13 805.49

企业主要经济指标

利润率 （%）	全员劳动生产率 （万元／人）	人均实现利润 （万元／人）	人均固定资产原价 （万元／人）	从业人员 （人）	企业数 （家）
3.65	**69.03**	**2.52**	**59.49**	**97 714**	**1 440**
1.70	194.95	3.32	26.00	23 944	1 090
7.11	27.73	1.97	67.94	65 331	281
6.25	27.48	1.72	66.34	63 527	278
29.78	36.64	10.91	123.98	1 804	3
14.34	31.53	4.52	89.11	8 439	69

企业主要经济指标

利润率 （%）	全员劳动生产率 （万元／人）	人均实现利润 （万元／人）	人均固定资产原价 （万元／人）	从业人员 （人）	企业数 （家）
–0.30	**32.89**	**–0.10**	**37.00**	**138 288**	**2 874**
0.79	126.50	1.00	35.18	18 117	1 996
1.20	17.78	0.21	28.17	104 811	732
1.13	17.52	0.20	27.76	96 699	700
1.84	20.92	0.38	33.11	8 112	32
–13.78	25.62	–3.53	99.42	15 360	146

2-11　浙江省旅游

	固定资产 原　价 （万元）	营业收入 （万元）	利　润 （万元）	营业税金 及附加 （万元）
合　计	**4 758 631.33**	**4 957 832.12**	**87 727.71**	**141 362.53**
（一）旅行社	471 515.50	2 599 762.00	15 149.37	11 488.37
（二）星级饭店	3 543 893.34	2 040 982.16	25 044.78	116 305.91
内资饭店	2 986 160.48	1 818 656.16	−1 098.95	104 059.84
外资饭店	557 732.86	222 326.00	26 143.73	12 246.07
（三）旅游景区	743 222.49	317 087.96	47 533.56	13 568.25

2-12　安徽省旅游

	固定资产 原　价 （万元）	营业收入 （万元）	利　润 （万元）	营业税金 及附加 （万元）
合　计	**1 550 763.20**	**1 325 458.38**	**36 269.91**	**40 797.13**
（一）旅行社	108 554.80	600 108.20	7 137.83	3 152.64
（二）星级饭店	1 155 464.20	589 300.61	15 930.99	31 591.81
内资饭店	1 063 824.96	560 577.10	16 190.89	29 977.69
外资饭店	91 639.24	28 723.51	−259.90	1 614.12
（三）旅游景区	286 744.20	136 049.57	13 201.09	6 052.68

企业主要经济指标

利润率 （%）	全员劳动 生产率 （万元／人）	人均实现 利润 （万元／人）	人均固定 资产原价 （万元／人）	从业人员 （人）	企业数 （家）
1.77	**31.58**	**0.56**	**30.31**	**156 975**	**2 850**
0.58	98.18	0.57	17.81	26 480	1 894
1.23	17.95	0.22	31.17	113 701	783
–0.06	17.44	–0.01	28.64	104 279	756
11.76	23.60	2.77	59.19	9 422	27
14.99	18.88	2.83	44.26	16 794	173

企业主要经济指标

利润率 （%）	全员劳动 生产率 （万元／人）	人均实现 利润 （万元／人）	人均固定 资产原价 （万元／人）	从业人员 （人）	企业数 （家）
2.74	**22.48**	**0.62**	**26.30**	**58 973**	**1 435**
1.19	67.63	0.80	12.23	8 873	986
2.70	13.30	0.36	26.08	44 304	383
2.89	13.22	0.38	25.10	42 388	374
–0.90	14.99	–0.14	47.83	1 916	9
9.70	23.47	2.28	49.47	5 796	66

2-13 福建省旅游

	固定资产原价（万元）	营业收入（万元）	利润（万元）	营业税金及附加（万元）
合计	**1 776 455.76**	**2 360 328.17**	**62 896.72**	**65 653.36**
（一）旅行社	241 882.45	1 205 093.00	10 614.57	5 379.94
（二）星级饭店	1 312 446.45	967 516.54	39 231.62	55 199.70
内资饭店	902 823.82	679 746.46	15 002.83	38 841.98
外资饭店	409 622.63	287 770.08	24 228.79	16 357.72
（三）旅游景区	222 126.86	187 718.63	13 050.53	5 073.72

2-14 江西省旅游

	固定资产原价（万元）	营业收入（万元）	利润（万元）	营业税金及附加（万元）
合计	**892 047.28**	**930 597.83**	**23 709.37**	**25 247.89**
（一）旅行社	116 121.15	461 083.50	−6 467.93	2 149.87
（二）星级饭店	672 306.64	348 182.88	11 245.56	19 596.43
内资饭店	638 366.99	332 333.32	12 115.26	18 721.90
外资饭店	33 939.65	15 849.56	−869.70	874.53
（三）旅游景区	103 619.49	121 331.45	18 931.74	3 501.59

企业主要经济指标

利润率 （%）	全员劳动生产率 （万元／人）	人均实现利润 （万元／人）	人均固定资产原价 （万元／人）	从业人员 （人）	企业数 （家）
2.66	**21.21**	**0.57**	**15.96**	**111 305**	**1 214**
0.88	91.64	0.81	18.39	13 151	760
4.05	10.76	0.44	14.60	89 905	390
2.21	9.01	0.20	11.96	75 462	337
8.42	19.92	1.68	28.36	14 443	53
6.95	22.76	1.58	26.93	8 249	64

企业主要经济指标

利润率 （%）	全员劳动生产率 （万元／人）	人均实现利润 （万元／人）	人均固定资产原价 （万元／人）	从业人员 （人）	企业数 （家）
2.55	**22.43**	**0.57**	**21.50**	**41 495**	**1 096**
−1.40	64.39	−0.90	16.22	7 161	760
3.23	11.37	0.37	21.95	30 627	303
3.65	11.20	0.41	21.52	29 669	294
−5.49	16.54	−0.91	35.43	958	9
15.60	32.73	5.11	27.95	3 707	33

2-15 山东省旅游

	固定资产原价（万元）	营业收入（万元）	利润（万元）	营业税金及附加（万元）
合计	**4 222 132.57**	**3 422 359.42**	**13 342.85**	**106 530.12**
（一）旅行社	516 025.83	1 518 049.00	–10 505.63	6 934.66
（二）星级饭店	3 134 876.56	1 647 408.16	–7 537.00	88 748.82
内资饭店	2 798 271.72	1 526 267.77	–7 220.13	82 492.05
外资饭店	336 604.84	121 140.39	–316.87	6 256.77
（三）旅游景区	571 230.18	256 902.26	31 385.48	10 846.64

2-16 河南省旅游

	固定资产原价（万元）	营业收入（万元）	利润（万元）	营业税金及附加（万元）
合计	**1 769 393.45**	**1 098 899.94**	**4 619.82**	**38 673.50**
（一）旅行社	321 190.25	370 503.00	1 527.61	2 073.34
（二）星级饭店	906 967.31	502 479.97	–19 002.51	28 900.65
内资饭店	816 298.01	447 374.77	–11 050.51	25 903.95
外资饭店	90 669.30	55 105.20	–7 952.00	2 996.70
（三）旅游景区	541 235.89	225 916.97	22 094.72	7 699.51

企业主要经济指标

利润率 （%）	全员劳动 生 产 率 （万元／人）	人均实现 利　　润 （万元／人）	人均固定 资产原价 （万元／人）	从业人员 （人）	企业数 （家）
0.39	**24.73**	**0.10**	**30.51**	**138 376**	**2 856**
-0.69	81.66	-0.57	27.76	18 591	1 963
-0.46	14.97	-0.07	28.48	110 083	796
-0.47	14.67	-0.07	26.89	104 056	770
-0.26	20.10	-0.05	55.85	6 027	26
12.22	26.48	3.23	58.88	9 702	97

企业主要经济指标

利润率 （%）	全员劳动 生 产 率 （万元／人）	人均实现 利　　润 （万元／人）	人均固定 资产原价 （万元／人）	从业人员 （人）	企业数 （家）
0.42	**15.95**	**0.07**	**25.68**	**68 908**	**1 600**
0.41	42.50	0.18	36.85	8 717	1 141
-3.78	10.50	-0.40	18.96	47 834	339
-2.47	10.14	-0.25	18.50	44 119	330
-14.43	14.83	-2.14	24.41	3 715	9
9.78	18.28	1.79	43.80	12 357	120

2-17 湖北省旅游

	固定资产原价（万元）	营业收入（万元）	利润（万元）	营业税金及附加（万元）
合计	**1 889 998.03**	**1 841 019.33**	**37 129.21**	**45 198.73**
（一）旅行社	311 731.70	1 082 353.00	14 792.39	5 752.82
（二）星级饭店	1 031 113.67	561 726.55	–5 062.73	32 076.41
内资饭店	886 047.99	478 112.44	–7 561.15	27 582.74
外资饭店	145 065.68	83 614.11	2 498.42	4 493.67
（三）旅游景区	547 152.66	196 939.78	27 399.55	7 369.50

2-18 湖南省旅游

	固定资产原价（万元）	营业收入（万元）	利润（万元）	营业税金及附加（万元）
合计	**2 322 502.34**	**2 732 485.28**	**118 142.77**	**64 742.14**
（一）旅行社	569 937.00	1 477 928.00	18 228.52	5 929.84
（二）星级饭店	1 365 406.28	861 878.74	41 514.20	47 301.03
内资饭店	1 313 916.12	836 734.48	41 572.29	46 101.66
外资饭店	51 490.16	25 144.26	–58.09	1 199.37
（三）旅游景区	387 159.06	392 678.54	58 400.05	11 511.27

企业主要经济指标

利润率（%）	全员劳动生产率（万元/人）	人均实现利润（万元/人）	人均固定资产原价（万元/人）	从业人员（人）	企业数（家）
2.02	**28.53**	**0.58**	**29.29**	**64 522**	**1 530**
1.37	81.84	1.12	23.57	13 225	1 041
−0.90	14.11	−0.13	25.90	39 813	367
−1.58	13.47	−0.21	24.96	35 503	350
2.99	19.40	0.58	33.66	4 310	17
13.91	17.15	2.39	47.64	11 484	122

企业主要经济指标

利润率（%）	全员劳动生产率（万元/人）	人均实现利润（万元/人）	人均固定资产原价（万元/人）	从业人员（人）	企业数（家）
4.32	**32.76**	**1.42**	**27.85**	**83 400**	**1 247**
1.23	109.87	1.36	42.37	13 451	723
4.82	15.72	0.76	24.90	54 830	449
4.97	15.97	0.80	25.08	52 386	437
−0.23	10.29	−0.02	21.07	2 444	12
14.87	25.97	3.86	25.61	15 119	75

2-19 广东省旅游

	固定资产原价（万元）	营业收入（万元）	利润（万元）	营业税金及附加（万元）
合计	**6 280 293.75**	**7 881 553.41**	**213 690.80**	**206 384.40**
（一）旅行社	426 111.60	4 684 395.00	22 479.13	23 050.78
（二）星级饭店	4 360 771.59	2 583 403.83	87 457.89	153 802.58
内资饭店	3 139 912.46	2 002 569.18	66 672.79	121 027.62
外资饭店	1 220 859.13	580 834.65	20 785.10	32 774.96
（三）旅游景区	1 493 410.56	613 754.58	103 753.78	29 531.04

2-20 广西壮族自治区旅游

	固定资产原价（万元）	营业收入（万元）	利润（万元）	营业税金及附加（万元）
合计	**1 098 813.92**	**1 032 634.54**	**10 480.58**	**38 893.39**
（一）旅行社	43 494.51	505 861.40	44.41	1738.71
（二）星级饭店	882 322.67	443 306.13	–1 191.18	32 839.87
内资饭店	701 868.72	398 159.10	4 673.51	30 302.81
外资饭店	180 453.95	45 147.03	–5 864.69	2 537.06
（三）旅游景区	172 996.74	83 467.01	11 627.35	4 314.81

企业主要经济指标

利润率 （%）	全员劳动生产率 （万元／人）	人均实现利润 （万元／人）	人均固定资产原价 （万元／人）	从业人员 （人）	企业数 （家）
2.71	**35.89**	**0.97**	**28.60**	**219 601**	**2 575**
0.48	130.03	0.62	11.83	36 025	1 512
3.39	16.76	0.57	28.29	154 157	927
3.33	16.02	0.53	25.12	125 004	829
3.58	19.92	0.71	41.88	29 153	98
16.90	20.86	3.53	50.76	29 419	136

企业主要经济指标

利润率 （%）	全员劳动生产率 （万元／人）	人均实现利润 （万元／人）	人均固定资产原价 （万元／人）	从业人员 （人）	企业数 （家）
1.01	**19.85**	**0.20**	**21.12**	**52 025**	**924**
0.01	60.85	0.01	5.23	8 313	510
−0.27	12.39	−0.03	24.65	35 789	339
1.17	12.22	0.14	21.54	32 589	329
−12.99	14.11	−1.83	56.39	3 200	10
13.93	10.53	1.47	21.83	7 923	75

2-21 海南省旅游

	固定资产原价（万元）	营业收入（万元）	利润（万元）	营业税金及附加（万元）
合计	**1 293 781.73**	**1 006 270.63**	**120 267.81**	**31 133.89**
（一）旅行社	132 742.57	446 845.60	–2 125.40	1 382.78
（二）星级饭店	1 065 782.19	477 823.50	97 564.41	26 314.82
内资饭店	768 135.14	331 404.44	50 145.95	18 154.64
外资饭店	297 647.05	146 419.06	47 418.46	8 160.18
（三）旅游景区	95 256.97	81 601.53	24 828.80	3 436.29

2-22 重庆市旅游

	固定资产原价（万元）	营业收入（万元）	利润（万元）	营业税金及附加（万元）
合计	**1 233 059.46**	**1 605 210.33**	**18 974.03**	**33 998.79**
（一）旅行社	155 055.58	1 014 006.00	2 424.46	3 191.89
（二）星级饭店	796 667.47	492 770.27	14 293.12	26 822.90
内资饭店	611 323.72	428 764.88	12 014.94	23 412.47
外资饭店	185 343.75	64 005.39	2 278.18	3 410.43
（三）旅游景区	281 336.41	98 434.06	2 256.45	3 984.00

企业主要经济指标

利润率 （%）	全员劳动生产率 （万元／人）	人均实现利润 （万元／人）	人均固定资产原价 （万元／人）	从业人员 （人）	企业数 （家）
11.95	**29.24**	**3.49**	**37.59**	**34 415**	**482**
−0.48	89.60	−0.43	26.62	4 987	311
20.42	19.41	3.96	43.29	24 619	155
15.13	17.52	2.65	40.61	18 917	140
32.39	25.68	8.32	52.20	5 702	15
30.43	16.97	5.16	19.81	4 809	16

企业主要经济指标

利润率 （%）	全员劳动生产率 （万元／人）	人均实现利润 （万元／人）	人均固定资产原价 （万元／人）	从业人员 （人）	企业数 （家）
1.18	**32.98**	**0.39**	**25.34**	**48 669**	**737**
0.24	130.13	0.31	19.90	7 792	435
2.90	14.64	0.42	23.66	33 667	240
2.80	13.88	0.39	19.79	30 894	234
3.56	23.08	0.82	66.84	2 773	6
2.29	13.65	0.31	39.02	7 210	62

2-23　四川省旅游

	固定资产原　价（万元）	营业收入（万元）	利　润（万元）	营业税金及附加（万元）
合　计	**2 159 965.80**	**1 638 814.71**	**51 284.86**	**52 242.75**
（一）旅行社	207 744.98	716 563.10	21 721.09	5 650.12
（二）星级饭店	1 564 945.85	805 187.22	30 305.92	43 133.64
内资饭店	1 556 172.15	803 037.32	30 276.22	43 019.64
外资饭店	8 773.70	2 149.90	29.70	114.00
（三）旅游景区	387 274.97	117 064.39	–742.15	3 458.99

2-24　贵州省旅游

	固定资产原　价（万元）	营业收入（万元）	利　润（万元）	营业税金及附加（万元）
合　计	**615 713.62**	**481 741.36**	**14 366.76**	**15 608.61**
（一）旅行社	116 865.68	213 233.50	704.96	773.75
（二）星级饭店	445 900.89	245 265.42	14 658.37	13 811.73
内资饭店	421 976.09	240 625.32	15 005.47	13 548.63
外资饭店	23 924.80	4 640.10	–347.10	263.10
（三）旅游景区	52 947.05	23 242.44	–996.57	1 023.13

企业主要经济指标

利润率 （%）	全员劳动 生 产 率 （万元／人）	人均实现 利　润 （万元／人）	人均固定 资产原价 （万元／人）	从业人员 （人）	企业数 （家）
3.13	**22.46**	**0.70**	**29.60**	**72 972**	**1 006**
3.03	77.86	2.36	22.57	9 203	534
3.76	13.96	0.53	27.13	57 675	396
3.77	13.99	0.53	27.11	57 404	394
1.38	7.93	0.11	32.38	271	2
–0.63	19.21	–0.12	63.54	6 094	76

企业主要经济指标

利润率 （%）	全员劳动 生 产 率 （万元／人）	人均实现 利　润 （万元／人）	人均固定 资产原价 （万元／人）	从业人员 （人）	企业数 （家）
2.98	**17.25**	**0.51**	**22.05**	**27 928**	**593**
0.33	77.09	0.25	42.25	2 766	278
5.98	10.72	0.64	19.49	22 883	290
6.24	10.69	0.67	18.75	22 509	288
–7.48	12.41	–0.93	63.97	374	2
–4.29	10.20	–0.44	23.23	2 279	25

2-25 云南省旅游

	固定资产原价（万元）	营业收入（万元）	利润（万元）	营业税金及附加（万元）
合计	**1 533 036.24**	**1 764 363.63**	**42 870.84**	**43 687.47**
（一）旅行社	21 357.65	1 134 540.00	2 249.42	4 053.71
（二）星级饭店	1 009 215.49	436 890.37	5 351.66	34 082.70
内资饭店	978 053.86	427 562.17	5 303.16	33 576.63
外资饭店	31 161.63	9 328.20	48.50	506.07
（三）旅游景区	502 463.10	192 933.26	35 269.76	5 551.06

2-26 西藏自治区旅游

	固定资产原价（万元）	营业收入（万元）	利润（万元）	营业税金及附加（万元）
合计	**427 237.36**	**109 878.36**	**1 996.15**	**3 938.64**
（一）旅行社	14 297.26	51 793.51	31.66	296.39
（二）星级饭店	412 940.10	58 084.85	1 964.49	3 642.25
内资饭店	354 303.26	52 793.93	1 314.09	3 310.95
外资饭店	58 636.84	5 290.92	650.40	331.30
（三）旅游景区	—	—	—	—

企业主要经济指标

利润率 (%)	全员劳动生产率 (万元／人)	人均实现利润 (万元／人)	人均固定资产原价 (万元／人)	从业人员 (人)	企业数 (家)
2.43	**22.40**	**0.54**	**19.47**	**78 749**	**1 160**
0.20	92.51	0.18	1.74	12 264	602
1.22	7.88	0.10	18.20	55 453	480
1.24	7.82	0.10	17.88	54 694	470
0.52	12.29	0.06	41.06	759	10
18.28	17.49	3.20	45.55	11 032	78

企业主要经济指标

利润率 (%)	全员劳动生产率 (万元／人)	人均实现利润 (万元／人)	人均固定资产原价 (万元／人)	从业人员 (人)	企业数 (家)
1.82	**12.72**	**0.23**	**49.44**	**8 641**	**201**
0.06	38.03	0.02	10.50	1 362	99
3.38	7.98	0.27	56.73	7 279	102
2.49	7.58	0.19	50.84	6 969	99
12.29	17.07	2.10	189.15	310	3
—	—	—	—	—	—

2-27 陕西省旅游

	固定资产原价（万元）	营业收入（万元）	利润（万元）	营业税金及附加（万元）
合计	**1 275 947.19**	**1 178 107.44**	**7 411.62**	**34 929.13**
（一）旅行社	43 724.34	542 880.30	–2 439.84	1 575.54
（二）星级饭店	1 069 746.68	535 493.13	–5 160.94	29 109.58
内资饭店	829 259.82	461 300.39	–5 977.01	25 290.89
外资饭店	240 486.86	74 192.74	816.07	3 818.69
（三）旅游景区	162 476.17	99 734.01	15 012.40	4 244.01

2-28 甘肃省旅游

	固定资产原价（万元）	营业收入（万元）	利润（万元）	营业税金及附加（万元）
合计	**725 164.42**	**435 839.84**	**4 930.58**	**16 096.87**
（一）旅行社	8 250.77	121 381.70	1 073.14	786.26
（二）星级饭店	620 347.10	255 867.30	1 853.16	13 779.89
内资饭店	580 136.70	246 746.26	1 149.94	13 260.45
外资饭店	40 210.40	9 121.04	703.22	519.44
（三）旅游景区	96 566.55	58 590.84	2 004.28	1 530.72

企业主要经济指标

利润率 （%）	全员劳动生产率 （万元／人）	人均实现利润 （万元／人）	人均固定资产原价 （万元／人）	从业人员 （人）	企业数 （家）
0.63	**20.36**	**0.13**	**22.05**	**57 859**	**996**
−0.45	74.06	−0.33	5.97	7 330	644
−0.96	11.87	−0.11	23.71	45 115	283
−1.30	11.14	−0.14	20.02	41 427	273
1.10	20.12	0.22	65.21	3 688	10
15.05	18.42	2.77	30.01	5 414	69

企业主要经济指标

利润率 （%）	全员劳动生产率 （万元／人）	人均实现利润 （万元／人）	人均固定资产原价 （万元／人）	从业人员 （人）	企业数 （家）
1.13	**12.36**	**0.14**	**20.56**	**35 272**	**747**
0.88	39.95	0.35	2.72	3 038	427
0.72	9.14	0.07	22.16	27 995	287
0.47	8.97	0.04	21.09	27 505	285
7.71	18.61	1.44	82.06	490	2
3.42	13.82	0.47	22.78	4 239	33

2-29 青海省旅游

	固定资产原价（万元）	营业收入（万元）	利润（万元）	营业税金及附加（万元）
合计	**245 458.46**	**134 195.33**	**1 022.59**	**32 412.74**
（一）旅行社	68 868.18	63 161.21	213.13	374.46
（二）星级饭店	162 990.09	70 455.38	1 302.34	32 021.69
内资饭店	158 492.52	66 355.41	1 060.83	31 789.47
外资饭店	4 497.57	4 099.97	241.51	232.22
（三）旅游景区	13 600.19	578.74	–492.88	16.59

2-30 宁夏回族自治区旅游

	固定资产原价（万元）	营业收入（万元）	利润（万元）	营业税金及附加（万元）
合计	**410 035.78**	**252 612.24**	**6 868.94**	**8 459.41**
（一）旅行社	5 967.46	79 314.48	585.25	251.36
（二）星级饭店	274 224.32	110 548.81	–10 086.71	5 449.24
内资饭店	271 273.82	108 125.91	–9 916.31	5 302.44
外资饭店	2 950.50	2 422.90	–170.40	146.80
（三）旅游景区	129 844.00	62 748.95	16 370.40	2 758.81

企业主要经济指标

利润率 (%)	全员劳动生产率 (万元/人)	人均实现利润 (万元/人)	人均固定资产原价 (万元/人)	从业人员 (人)	企业数 (家)
0.76	**15.91**	**0.12**	**29.10**	**8 435**	**302**
0.34	43.44	0.15	47.36	1 454	212
1.85	10.30	0.19	23.83	6 840	84
1.60	10.15	0.16	24.23	6 540	83
5.89	13.67	0.81	14.99	300	1
–85.16	4.10	–3.50	96.46	141	6

企业主要经济指标

利润率 (%)	全员劳动生产率 (万元/人)	人均实现利润 (万元/人)	人均固定资产原价 (万元/人)	从业人员 (人)	企业数 (家)
2.72	**18.46**	**0.50**	**29.96**	**13 688**	**198**
0.74	81.68	0.60	6.15	971	101
–9.12	11.29	–1.03	28.00	9 792	77
–9.17	11.33	–1.04	28.41	9 547	76
–7.03	9.89	–0.70	12.04	245	1
26.09	21.45	5.60	44.39	2 925	20

2-31 新疆维吾尔自治区旅游

	固定资产原价（万元）	营业收入（万元）	利润（万元）	营业税金及附加（万元）
合计	**1 234 456.37**	**787 120.83**	**–2 502.80**	**42 083.34**
（一）旅行社	48 779.64	224 824.79	1 542.35	1 179.27
（二）星级饭店	1 125 457.82	529 156.06	–6 093.53	39 001.38
内资饭店	1 091 746.42	512 294.16	–7 160.13	38 074.58
外资饭店	33 711.40	16 861.90	1 066.60	926.80
（三）旅游景区	60 218.91	33 139.98	2 048.38	1 902.69

企业主要经济指标

利润率 （%）	全员劳动生产率 （万元／人）	人均实现利润 （万元／人）	人均固定资产原价 （万元／人）	从业人员 （人）	企业数 （家）
–0.32	**18.35**	**–0.06**	**28.78**	**42 899**	**885**
0.69	70.04	0.48	15.20	3 210	398
–1.15	13.90	–0.16	29.57	38 059	441
–1.40	13.81	–0.19	29.44	37 089	439
6.33	17.38	1.10	34.75	970	2
6.18	20.33	1.26	36.94	1 630	46

三、主要城市综合资料

3-1 主要城市旅游

	固定资产 原价 （万元）	营业收入 （万元）	利润 （万元）	营业税金 及附加 （万元）
（一）星级饭店	11 602 736.69	5 920 554.63	174 593.14	330 391.43
内资饭店	8 376 502.60	4 542 227.02	83 963.52	253 992.70
外资饭店	3 226 234.09	1 378 327.61	90 629.62	76 398.73
（二）旅游景区	3 087 332.39	1 198 402.93	182 709.59	52 100.81

企业主要经济指标

利润率 （%）	全员劳动生产率 （万元/人）	人均实现利润 （万元/人）	人均固定资产原价 （万元/人）	从业人员 （人）	企业数 （家）
2.95	17.87	0.53	35.02	331 334	1 926
1.85	16.72	0.31	30.84	271 649	1 738
6.58	23.09	1.52	54.05	59 685	188
15.25	23.24	3.54	59.86	51 572	324

3-2 主要城市星级饭店

	固定资产原价（万元）	营业收入（万元）	利润（万元）	营业税金及附加（万元）
总计	**11 602 736.69**	**5 920 554.63**	**174 593.14**	**330 391.43**
沈阳	639 903.66	201 424.69	4 571.84	11 228.34
大连	622 037.41	267 550.70	−9 087.43	14 312.08
长春	414 360.50	168 534.60	−9 646.80	9 548.00
哈尔滨	290 546.58	124 657.00	−705.69	6 487.71
南京	610 960.78	355 402.34	23 078.10	18 433.63
无锡	343 511.66	230 775.69	−5 093.15	12 834.42
苏州	820 562.97	446 101.65	19 163.57	24 712.56
杭州	1 013 685.54	474 996.29	20 768.53	30 703.61
宁波	683 515.96	321 757.09	−15 587.77	17 663.44
黄山	187 818.84	73 523.87	573.94	3 897.38
福州	270 554.24	219 439.26	20 509.25	12 735.05
厦门	447 034.51	263 107.57	15 508.71	14 686.93
青岛	635 069.96	306 800.21	2 897.53	15 841.68
武汉	448 090.89	247 498.99	1 237.06	11 338.28
广州	1 298 974.26	875 225.52	50 141.71	50 086.14
深圳	546 465.62	319 190.97	30 401.05	18 601.68
珠海	267 499.56	141 248.24	5 329.53	7 886.95
中山	95 118.04	43 141.54	−6 237.10	2 920.63
桂林	200 514.02	69 052.98	−408.88	4 043.83
海口	212 035.64	64 462.44	223.96	3 520.92
成都	745 106.39	383 640.37	23 519.31	20 954.53
昆明	263 306.68	120 030.32	6 079.67	6 798.52
西安	546 062.98	202 992.30	−2 643.80	11 155.12

主要经济指标（按城市分）

利润率 （%）	全员劳动生产率 （万元/人）	人均实现利润 （万元/人）	人均固定资产原价 （万元/人）	从业人员 （人）	企业数 （家）
2.95	**17.87**	**0.53**	**35.02**	**331 334**	**1 926**
2.27	15.33	0.35	48.71	13 136	71
–3.40	17.38	–0.59	40.41	15 394	121
–5.72	16.54	–0.95	40.66	10 191	48
–0.57	15.71	–0.09	36.61	7 936	69
6.49	20.98	1.36	36.07	16 938	95
–2.21	19.44	–0.43	28.94	11 871	58
4.30	20.56	0.88	37.83	21 693	127
4.37	20.10	0.88	42.90	23 630	150
–4.84	17.58	–0.85	37.35	18 302	129
0.78	11.99	0.09	30.63	6 132	52
9.35	18.87	1.76	23.27	11 626	55
5.89	19.11	1.13	32.47	13 767	66
0.94	18.81	0.18	38.94	16 307	121
0.50	20.62	0.10	37.34	12 001	80
5.73	20.31	1.16	30.14	43 092	205
9.52	18.12	1.73	31.03	17 612	84
3.77	15.34	0.58	29.06	9 206	79
–14.46	10.89	–1.57	24.01	3 961	19
–0.59	11.57	–0.07	33.59	5 970	51
0.35	15.45	0.05	50.84	4 171	33
6.13	15.48	0.95	30.07	24 776	103
5.07	13.53	0.69	29.69	8 870	44
–1.30	13.76	–0.18	37.02	14 752	66

3–3 主要城市内资星级饭店

	固定资产原价（万元）	营业收入（万元）	利润（万元）	营业税金及附加（万元）
总计	**8 376 502.60**	**4 542 227.02**	**83 963.52**	**253 992.70**
沈阳	226 559.96	122 197.19	–1 708.76	5 979.54
大连	323 015.11	146 444.60	–13 172.13	7 701.08
长春	332 666.00	138 950.30	–14 143.70	8 017.70
哈尔滨	233 905.08	97 879.50	–5 581.89	5 034.41
南京	546 875.52	309 572.81	17 680.82	15 897.30
无锡	297 891.35	211 443.66	–3 878.49	11 830.82
苏州	747 184.41	397 679.27	18 850.85	22 119.31
杭州	813 727.27	403 423.75	5 797.73	26 827.80
宁波	575 811.96	291 031.09	–13 770.57	16 026.04
黄山	180 876.44	72 780.07	924.54	3 855.08
福州	148 819.68	115 936.25	3 148.88	6 809.65
厦门	255 002.03	161 582.64	11 030.44	8 919.57
青岛	410 316.42	230 111.91	2 833.53	11 789.12
武汉	333 053.45	176 101.84	–1 420.89	7 480.90
广州	851 893.59	604 265.78	26 590.13	34 954.83
深圳	357 614.76	233 718.51	23 253.07	13 823.85
珠海	147 758.70	76 573.94	–1 502.29	4 569.71
中山	23 272.90	22 068.98	17.08	1 705.62
桂林	167 359.84	57 382.32	1 749.64	3 406.09
海口	101 781.37	44 822.00	1 451.72	2 397.38
成都	744 239.09	383 614.47	23 624.71	20 953.13
昆明	246 329.65	114 209.18	5 971.17	6 475.55
西安	310 548.02	130 436.96	–3 782.07	7 418.22

主要经济指标（按城市分）

利润率 （%）	全员劳动生产率 （万元/人）	人均实现利润 （万元/人）	人均固定资产原价 （万元/人）	从业人员 （人）	企业数 （家）
1.85	**16.72**	**0.31**	**30.84**	**271 649**	**1 738**
−1.40	12.65	−0.18	23.45	9 662	61
−8.99	13.83	−1.24	30.51	10 587	103
−10.18	15.22	−1.55	36.44	9 128	46
−5.70	13.72	−0.78	32.79	7 134	65
5.71	20.50	1.17	36.21	15 101	89
−1.83	19.43	−0.36	27.38	10 881	56
4.74	20.56	0.97	38.63	19 343	118
1.44	19.12	0.27	38.57	21 099	145
−4.73	17.43	−0.82	34.49	16 697	123
1.27	12.13	0.15	30.16	5 998	50
2.72	15.53	0.42	19.93	7 467	43
6.83	18.54	1.27	29.26	8 716	51
1.23	17.63	0.22	31.44	13 049	110
−0.81	19.93	−0.16	37.68	8 838	72
4.40	18.15	0.80	25.59	33 288	177
9.95	16.70	1.66	25.56	13 992	71
−1.96	13.42	−0.26	25.89	5 707	69
0.08	8.71	0.01	9.18	2 534	15
3.05	11.75	0.36	34.27	4 883	47
3.24	14.77	0.48	33.55	3 034	27
6.16	15.50	0.95	30.07	24 753	102
5.23	13.47	0.70	29.06	8 477	41
−2.90	11.56	−0.34	27.53	11 281	57

3-4　主要城市外资星级饭店

	固定资产原价（万元）	营业收入（万元）	利润（万元）	营业税金及附加（万元）
总计	**3 226 234.09**	**1 378 327.61**	**90 629.62**	**76 398.73**
沈阳	413 343.70	79 227.50	6 280.60	5 248.80
大连	299 022.30	121 106.10	4 084.70	6 611.00
长春	81 694.50	29 584.30	4 496.90	1 530.30
哈尔滨	56 641.50	26 777.50	4 876.20	1 453.30
南京	64 085.26	45 829.53	5 397.28	2 536.33
无锡	45 620.31	19 332.03	−1 214.66	1 003.60
苏州	73 378.56	48 422.38	312.72	2 593.25
杭州	199 958.27	71 572.54	14 970.80	3 875.81
宁波	107 704.00	30 726.00	−1 817.20	1 637.40
黄山	6 942.40	743.80	−350.60	42.30
福州	121 734.56	103 503.01	17 360.37	5 925.40
厦门	192 032.48	101 524.93	4 478.27	5 767.36
青岛	224 753.54	76 688.30	64.00	4 052.56
武汉	115 037.44	71 397.15	2 657.95	3 857.38
广州	447 080.67	270 959.74	23 551.58	15 131.31
深圳	188 850.86	85 472.46	7 147.98	4 777.83
珠海	119 740.86	64 674.30	6 831.82	3 317.24
中山	71 845.14	21 072.56	−6 254.18	1 215.01
桂林	33 154.18	11 670.66	−2 158.52	637.74
海口	110 254.27	19 640.44	−1 227.76	1 123.54
成都	867.30	25.90	−105.40	1.40
昆明	16 977.03	5 821.14	108.50	322.97
西安	235 514.96	72 555.34	1 138.27	3 736.90

主要经济指标（按城市分）

利润率（%）	全员劳动生产率（万元/人）	人均实现利润（万元/人）	人均固定资产原价（万元/人）	从业人员（人）	企业数（家）
6.58	**23.09**	**1.52**	**54.05**	**59 685**	**188**
7.93	22.81	1.81	118.98	3 474	10
3.38	25.19	0.85	62.21	4 807	18
15.20	27.83	4.23	76.85	1 063	2
18.21	33.39	6.08	70.63	802	4
11.78	24.95	2.94	34.89	1 837	6
−6.28	19.53	−1.23	46.08	990	2
0.65	20.61	0.13	31.22	2 350	9
20.92	28.28	5.91	79.00	2 531	5
−5.91	19.14	−1.13	67.11	1 605	6
−47.14	5.55	−2.62	51.81	134	2
16.77	24.89	4.17	29.27	4 159	12
4.41	20.10	0.89	38.02	5 051	15
0.08	23.54	0.02	68.99	3 258	11
3.72	22.57	0.84	36.37	3 163	8
8.69	27.64	2.40	45.60	9 804	28
8.36	23.61	1.97	52.17	3 620	13
10.56	18.48	1.95	34.22	3 499	10
−29.68	14.77	−4.38	50.35	1 427	4
−18.50	10.74	−1.99	30.50	1 087	4
−6.25	17.27	−1.08	96.97	1 137	6
−406.95	1.17	−4.58	37.71	23	1
1.86	14.81	0.28	43.20	393	3
1.57	20.90	0.33	67.85	3 471	9

3-5 主要城市旅游景区

	固定资产原价（万元）	营业收入（万元）	利润（万元）	营业税金及附加（万元）
总计	**3 087 332.39**	**1 198 402.93**	**182 709.59**	**52 100.81**
沈阳	—	—	—	—
大连	12 151.19	10 249.63	922.63	413.26
长春	55 223.45	11 630.31	335.46	420.89
哈尔滨	14 581.49	8 359.85	– 1 325.07	326.25
南京	67 783.65	27 134.52	– 7 086.52	1 078.68
无锡	344 047.44	81 102.07	5 839.01	2 726.50
苏州	340 832.97	78 859.83	– 19 001.03	2 932.64
杭州	289 125.72	117 640.62	34 872.23	5 403.03
宁波	106 261.87	37 722.20	– 5 558.23	1 342.89
黄山	51 908.47	25 983.25	6 623.01	874.24
福州	11 229.55	10 321.85	368.00	110.88
厦门	46 380.82	25 479.96	7 895.30	1 053.42
青岛	60 332.34	82 001.54	29 208.35	3 496.95
武汉	185 771.46	49 504.73	6 496.57	1 766.07
广州	391 269.76	257 939.14	67 008.17	11 240.76
深圳	540 170.64	177 683.31	42 010.73	9 227.73
珠海	311 972.36	59 737.52	– 2 594.15	3 379.91
中山	16 577.02	3 386.69	–968.84	192.96
桂林	39 903.01	29 572.56	9 141.56	1 432.63
海口	—	—	—	—
成都	45 390.43	36 750.42	– 1 881.05	1 262.36
昆明	97 821.48	25 348.18	2 239.22	937.56
西安	58 597.27	41 994.75	8 164.24	2 481.20

主要经济指标（按城市分）

利润率 （%）	全员劳动生产率 （万元/人）	人均实现利润 （万元/人）	人均固定资产原价 （万元/人）	从业人员 （人）	企业数 （家）
15.25	**23.24**	**3.54**	**59.86**	**51 572**	**324**
—	—	—	—	—	—
9.00	20.62	1.86	24.45	497	4
2.88	16.90	0.49	80.27	688	3
−15.85	14.00	−2.22	24.42	597	4
−26.12	15.95	−4.17	39.85	1 701	21
7.20	31.23	2.25	132.48	2 597	21
−24.09	19.12	−4.61	82.65	4 124	37
29.64	22.45	6.66	55.18	5 240	41
−14.73	13.71	−2.02	38.61	2 752	27
25.49	27.09	6.91	54.13	959	14
3.57	28.91	1.03	31.46	357	5
30.99	26.93	8.35	49.03	946	9
35.62	65.97	23.50	48.54	1 243	14
13.12	17.81	2.34	66.82	2 780	10
25.98	28.34	7.36	42.98	9 103	37
23.64	25.13	5.94	76.40	7 070	13
−4.34	13.64	−0.59	71.26	4 378	15
−28.61	7.48	− 2.14	36.59	453	6
30.91	12.81	3.96	17.29	2 308	16
—	—	—	—	—	—
−5.12	51.98	−2.66	64.20	707	5
8.83	17.48	1.54	67.46	1 450	4
19.44	25.89	5.03	36.13	1 622	18

四、分城市旅游企业资料

4-1 沈阳市旅游

	固定资产原价（万元）	营业收入（万元）	利润（万元）	营业税金及附加（万元）
（一）星级饭店	639 903.66	201 424.69	4 571.84	11 228.34
内资饭店	226 559.96	122 197.19	-1 708.76	5 979.54
外资饭店	413 343.70	79 227.50	6 280.60	5 248.80
（二）旅游景区	—	—	—	—

4-2 大连市旅游

	固定资产原价（万元）	营业收入（万元）	利润（万元）	营业税金及附加（万元）
（一）星级饭店	622 037.41	267 550.70	-9 087.43	14 312.08
内资饭店	323 015.11	146 444.60	-13 172.13	7 701.08
外资饭店	299 022.30	121 106.10	4 084.70	6 611.00
（二）旅游景区	12 151.19	10 249.63	922.63	413.26

企业主要经济指标

利润率 （%）	全员劳动生产率 （万元/人）	人均实现利润 （万元/人）	人均固定资产原价 （万元/人）	从业人员 （人）	企业数 （家）
2.27	15.33	0.35	48.71	13 136	71
-1.40	12.65	-0.18	23.45	9 662	61
7.93	22.81	1.81	118.98	3 474	10
—	—	—	—	—	—

企业主要经济指标

利润率 （%）	全员劳动生产率 （万元/人）	人均实现利润 （万元/人）	人均固定资产原价 （万元/人）	从业人员 （人）	企业数 （家）
-3.40	17.38	-0.59	40.41	15 394	121
-8.99	13.83	-1.24	30.51	10 587	103
3.38	25.19	0.85	62.21	4 807	18
9.00	20.62	1.86	24.45	497	4

4–3 长春市旅游

	固定资产原价（万元）	营业收入（万元）	利润（万元）	营业税金及附加（万元）
（一）星级饭店	414 360.50	168 534.60	–9 646.80	9 548.00
内资饭店	332 666.00	138 950.30	–14 143.70	8 017.70
外资饭店	81 694.50	29 584.30	4 496.90	1 530.30
（二）旅游景区	55 223.45	11 630.31	335.46	420.89

4–4 哈尔滨市旅游

	固定资产原价（万元）	营业收入（万元）	利润（万元）	营业税金及附加（万元）
（一）星级饭店	290 546.58	124 657.00	–705.69	6 487.71
内资饭店	233 905.08	97 879.50	–5 581.89	5 034.41
外资饭店	56 641.50	26 777.50	4 876.20	1 453.30
（二）旅游景区	14 581.49	8 359.85	–1 325.07	326.25

企业主要经济指标

利润率 （%）	全员劳动生产率 （万元/人）	人均实现利润 （万元/人）	人均固定资产原价 （万元/人）	从业人员 （人）	企业数 （家）
-5.72	16.54	-0.95	40.66	10 191	48
-10.18	15.22	-1.55	36.44	9 128	46
15.20	27.83	4.23	76.85	1 063	2
2.88	16.90	0.49	80.27	688	3

企业主要经济指标

利润率 （%）	全员劳动生产率 （万元/人）	人均实现利润 （万元/人）	人均固定资产原价 （万元/人）	从业人员 （人）	企业数 （家）
-0.57	15.71	-0.09	36.61	7 936	69
-5.70	13.72	-0.78	32.79	7 134	65
18.21	33.39	6.08	70.63	802	4
-15.85	14.00	-2.22	24.42	597	4

4-5 南京市旅游

	固定资产原价（万元）	营业收入（万元）	利润（万元）	营业税金及附加（万元）
（一）星级饭店	610 960.78	355 402.34	23 078.10	18 433.63
内资饭店	546 875.52	309 572.81	17 680.82	15 897.30
外资饭店	64 085.26	45 829.53	5 397.28	2 536.33
（二）旅游景区	67 783.65	27 134.52	–7 086.52	1 078.68

4-6 无锡市旅游

	固定资产原价（万元）	营业收入（万元）	利润（万元）	营业税金及附加（万元）
（一）星级饭店	343 511.66	230 775.69	–5 093.15	12 834.42
内资饭店	297 891.35	211 443.66	–3 878.49	11 830.82
外资饭店	45 620.31	19 332.03	–1 214.66	1 003.60
（二）旅游景区	344 047.44	81 102.07	5 839.01	2 726.50

企业主要经济指标

利润率 （%）	全员劳动生产率 （万元/人）	人均实现利润 （万元/人）	人均固定资产原价 （万元/人）	从业人员 （人）	企业数 （家）
6.49	20.98	1.36	36.07	16 938	95
5.71	20.50	1.17	36.21	15 101	89
11.78	24.95	2.94	34.89	1 837	6
–26.12	15.95	–4.17	39.85	1 701	21

企业主要经济指标

利润率 （%）	全员劳动生产率 （万元/人）	人均实现利润 （万元/人）	人均固定资产原价 （万元/人）	从业人员 （人）	企业数 （家）
–2.21	19.44	–0.43	28.94	11 871	58
–1.83	19.43	–0.36	27.38	10 881	56
–6.28	19.53	–1.23	46.08	990	2
7.20	31.23	2.25	132.48	2 597	21

4-7 苏州市旅游

	固定资产原价（万元）	营业收入（万元）	利润（万元）	营业税金及附加（万元）
（一）星级饭店	820 562.97	446 101.65	19 163.57	24 712.56
内资饭店	747 184.41	397 679.27	18 850.85	22 119.31
外资饭店	73 378.56	48 422.38	312.72	2 593.25
（二）旅游景区	340 832.97	78 859.83	−19 001.03	2 932.64

4-8 杭州市旅游

	固定资产原价（万元）	营业收入（万元）	利润（万元）	营业税金及附加（万元）
（一）星级饭店	1 013 685.54	474 996.29	20 768.53	30 703.61
内资饭店	813 727.27	403 423.75	5 797.73	26 827.80
外资饭店	199 958.27	71 572.54	14 970.80	3 875.81
（二）旅游景区	289 125.72	117 640.62	34 872.23	5 403.03

企业主要经济指标

利润率 （%）	全员劳动 生产率 （万元/人）	人均实现 利润 （万元/人）	人均固定资产 原价 （万元/人）	从业人员 （人）	企业数 （家）
4.30	20.56	0.88	37.83	21 693	127
4.74	20.56	0.97	38.63	19 343	118
0.65	20.61	0.13	31.22	2 350	9
–24.09	19.12	–4.61	82.65	4 124	37

企业主要经济指标

利润率 （%）	全员劳动 生产率 （万元/人）	人均实现 利润 （万元/人）	人均固定资产 原价 （万元/人）	从业人员 （人）	企业数 （家）
4.37	20.10	0.88	42.90	23 630	150
1.44	19.12	0.27	38.57	21 099	145
20.92	28.28	5.91	79.00	2 531	5
29.64	22.45	6.66	55.18	5 240	41

4-9 宁波市旅游

	固定资产原价（万元）	营业收入（万元）	利润（万元）	营业税金及附加（万元）
（一）星级饭店	683 515.96	321 757.09	–15 587.77	17 663.44
内资饭店	575 811.96	291 031.09	–13 770.57	16 026.04
外资饭店	107 704.00	30 726.00	–1 817.20	1 637.40
（二）旅游景区	106 261.87	37 722.20	–5 558.23	1 342.89

4-10 黄山市旅游

	固定资产原价（万元）	营业收入（万元）	利润（万元）	营业税金及附加（万元）
（一）星级饭店	187 818.84	73 523.87	573.94	3 897.38
内资饭店	180 876.44	72 780.07	924.54	3 855.08
外资饭店	6 942.40	743.80	–350.60	42.30
（二）旅游景区	51 908.47	25 983.25	6 623.01	874.24

企业主要经济指标

利润率 （%）	全员劳动 生产率 （万元/人）	人均实现 利润 （万元/人）	人均固定资产 原价 （万元/人）	从业人员 （人）	企业数 （家）
-4.84	17.58	-0.85	37.35	18 302	129
-4.73	17.43	-0.82	34.49	16 697	123
-5.91	19.14	-1.13	67.11	1 605	6
-14.73	13.71	-2.02	38.61	2 752	27

企业主要经济指标

利润率 （%）	全员劳动 生产率 （万元/人）	人均实现 利润 （万元/人）	人均固定资产 原价 （万元/人）	从业人员 （人）	企业数 （家）
0.78	11.99	0.09	30.63	6 132	52
1.27	12.13	0.15	30.16	5 998	50
-47.14	5.55	-2.62	51.81	134	2
25.49	27.09	6.91	54.13	959	14

4-11 福州市旅游

	固定资产原价（万元）	营业收入（万元）	利润（万元）	营业税金及附加（万元）
（一）星级饭店	270 554.24	219 439.26	20 509.25	12 735.05
内资饭店	148 819.68	115 936.25	3 148.88	6 809.65
外资饭店	121 734.56	103 503.01	17 360.37	5 925.40
（二）旅游景区	11 229.55	10 321.85	368.00	110.88

4-12 厦门市旅游

	固定资产原价（万元）	营业收入（万元）	利润（万元）	营业税金及附加（万元）
（一）星级饭店	447 034.51	263 107.57	15 508.71	14 686.93
内资饭店	255 002.03	161 582.64	11 030.44	8 919.57
外资饭店	192 032.48	101 524.93	4 478.27	5 767.36
（二）旅游景区	46 380.82	25 479.96	7 895.30	1 053.42

企业主要经济指标

利润率 （%）	全员劳动生产率 （万元/人）	人均实现利润 （万元/人）	人均固定资产原价 （万元/人）	从业人员 （人）	企业数 （家）
9.35	18.87	1.76	23.27	11 626	55
2.72	15.53	0.42	19.93	7 467	43
16.77	24.89	4.17	29.27	4 159	12
3.57	28.91	1.03	31.46	357	5

企业主要经济指标

利润率 （%）	全员劳动生产率 （万元/人）	人均实现利润 （万元/人）	人均固定资产原价 （万元/人）	从业人员 （人）	企业数 （家）
5.89	19.11	1.13	32.47	13 767	66
6.83	18.54	1.27	29.26	8 716	51
4.41	20.10	0.89	38.02	5 051	15
30.99	26.93	8.35	49.03	946	9

4-13 青岛市旅游

	固定资产原价（万元）	营业收入（万元）	利润（万元）	营业税金及附加（万元）
（一）星级饭店	635 069.96	306 800.21	2 897.53	15 841.68
内资饭店	410 316.42	230 111.91	2 833.53	11 789.12
外资饭店	224 753.54	76 688.30	64.00	4 052.56
（二）旅游景区	60 332.34	82 001.54	29 208.35	3 496.95

4-14 武汉市旅游

	固定资产原价（万元）	营业收入（万元）	利润（万元）	营业税金及附加（万元）
（一）星级饭店	448 090.89	247 498.99	1 237.06	11 338.28
内资饭店	333 053.45	176 101.84	–1 420.89	7 480.90
外资饭店	115 037.44	71 397.15	2 657.95	3 857.38
（二）旅游景区	185 771.46	49 504.73	6 496.57	1 766.07

企业主要经济指标

利润率 （%）	全员劳动 生产率 （万元/人）	人均实现 利润 （万元/人）	人均固定资产 原价 （万元/人）	从业人员 （人）	企业数 （家）
0.94	18.81	0.18	38.94	16 307	121
1.23	17.63	0.22	31.44	13 049	110
0.08	23.54	0.02	68.99	3 258	11
35.62	65.97	23.50	48.54	1 243	14

企业主要经济指标

利润率 （%）	全员劳动 生产率 （万元/人）	人均实现 利润 （万元/人）	人均固定资产 原价 （万元/人）	从业人员 （人）	企业数 （家）
0.50	20.62	0.10	37.34	12 001	80
–0.81	19.93	–0.16	37.68	8 838	72
3.72	22.57	0.84	36.37	3 163	8
13.12	17.81	2.34	66.82	2 780	10

4-15 广州市旅游

	固定资产原价（万元）	营业收入（万元）	利润（万元）	营业税金及附加（万元）
（一）星级饭店	1 298 974.26	875 225.52	50 141.71	50 086.14
内资饭店	851 893.59	604 265.78	26 590.13	34 954.83
外资饭店	447 080.67	270 959.74	23 551.58	15 131.31
（二）旅游景区	391 269.76	257 939.14	67 008.17	11 240.76

4-16 深圳市旅游

	固定资产原价（万元）	营业收入（万元）	利润（万元）	营业税金及附加（万元）
（一）星级饭店	546 465.62	319 190.97	30 401.05	18 601.68
内资饭店	357 614.76	233 718.51	23 253.07	13 823.85
外资饭店	188 850.86	85 472.46	7 147.98	4 777.83
（二）旅游景区	540 170.64	177 683.31	42 010.73	9 227.73

企业主要经济指标

利润率 （%）	全员劳动 生产率 （万元/人）	人均实现 利润 （万元/人）	人均固定资产 原价 （万元/人）	从业人员 （人）	企业数 （家）
5.73	20.31	1.16	30.14	43 092	205
4.40	18.15	0.80	25.59	33 288	177
8.69	27.64	2.40	45.60	9 804	28
25.98	28.34	7.36	42.98	9 103	37

企业主要经济指标

利润率 （%）	全员劳动 生产率 （万元/人）	人均实现 利润 （万元/人）	人均固定资产 原价 （万元/人）	从业人员 （人）	企业数 （家）
9.52	18.12	1.73	31.03	17 612	84
9.95	16.70	1.66	25.56	13 992	71
8.36	23.61	1.97	52.17	3 620	13
23.64	25.13	5.94	76.40	7 070	13

4-17 珠海市旅游

	固定资产原价（万元）	营业收入（万元）	利润（万元）	营业税金及附加（万元）
（一）星级饭店	267 499.56	141 248.24	5 329.53	7 886.95
内资饭店	147 758.70	76 573.94	–1 502.29	4 569.71
外资饭店	119 740.86	64 674.30	6 831.82	3 317.24
（二）旅游景区	311 972.36	59 737.52	–2 594.15	3 379.91

4-18 中山市旅游

	固定资产原价（万元）	营业收入（万元）	利润（万元）	营业税金及附加（万元）
（一）星级饭店	95 118.04	43 141.54	–6 237.10	2 920.63
内资饭店	23 272.90	22 068.98	17.08	1 705.62
外资饭店	71 845.14	21 072.56	–6 254.18	1 215.01
（二）旅游景区	16 577.02	3 386.69	–968.84	192.96

企业主要经济指标

利润率（%）	全员劳动生产率（万元/人）	人均实现利润（万元/人）	人均固定资产原价（万元/人）	从业人员（人）	企业数（家）
3.77	15.34	0.58	29.06	9 206	79
−1.96	13.42	−0.26	25.89	5 707	69
10.56	18.48	1.95	34.22	3 499	10
−4.34	13.64	−0.59	71.26	4 378	15

企业主要经济指标

利润率（%）	全员劳动生产率（万元/人）	人均实现利润（万元/人）	人均固定资产原价（万元/人）	从业人员（人）	企业数（家）
−14.46	10.89	−1.57	24.01	3 961	19
0.08	8.71	0.01	9.18	2 534	15
−29.68	14.77	−4.38	50.35	1 427	4
−28.61	7.48	−2.14	36.59	453	6

4-19 桂林市旅游

	固定资产 原 价 （万元）	营业收入 （万元）	利 润 （万元）	营业税金 及附加 （万元）
（一）星级饭店	200 514.02	69 052.98	-408.88	4 043.83
内资饭店	167 359.84	57 382.32	1 749.64	3 406.09
外资饭店	33 154.18	11 670.66	-2 158.52	637.74
（二）旅游景区	39 903.01	29 572.56	9 141.56	1 432.63

4-20 海口市旅游

	固定资产 原 价 （万元）	营业收入 （万元）	利 润 （万元）	营业税金 及附加 （万元）
（一）星级饭店	212 035.64	64 462.44	223.96	3 520.92
内资饭店	101 781.37	44 822.00	1 451.72	2 397.38
外资饭店	110 254.27	19 640.44	-1 227.76	1 123.54
（二）旅游景区	—	—	—	—

企业主要经济指标

利润率（%）	全员劳动生产率（万元/人）	人均实现利润（万元/人）	人均固定资产原价（万元/人）	从业人员（人）	企业数（家）
-0.59	11.57	-0.07	33.59	5 970	51
3.05	11.75	0.36	34.27	4 883	47
-18.50	10.74	-1.99	30.50	1 087	4
30.91	12.81	3.96	17.29	2 308	16

企业主要经济指标

利润率（%）	全员劳动生产率（万元/人）	人均实现利润（万元/人）	人均固定资产原价（万元/人）	从业人员（人）	企业数（家）
0.35	15.45	0.05	50.84	4 171	33
3.24	14.77	0.48	33.55	3 034	27
-6.25	17.27	-1.08	96.97	1 137	6
—	—	—	—	—	—

4-21 成都市旅游

	固定资产原价（万元）	营业收入（万元）	利润（万元）	营业税金及附加（万元）
（一）星级饭店	745 106.39	383 640.37	23 519.31	20 954.53
内资饭店	744 239.09	383 614.47	23 624.71	20 953.13
外资饭店	867.30	25.90	−105.40	1.40
（二）旅游景区	45 390.43	36 750.42	−1 881.05	1 262.36

4-22 昆明市旅游

	固定资产原价（万元）	营业收入（万元）	利润（万元）	营业税金及附加（万元）
（一）星级饭店	263 306.68	120 030.32	6 079.67	6 798.52
内资饭店	246 329.65	114 209.18	5 971.17	6 475.55
外资饭店	16 977.03	5 821.14	108.50	322.97
（二）旅游景区	97 821.48	25 348.18	2 239.22	937.56

企业主要经济指标

利润率 （%）	全员劳动 生产率 （万元/人）	人均实现 利润 （万元/人）	人均固定资产 原价 （万元/人）	从业人员 （人）	企业数 （家）
6.13	15.48	0.95	30.07	24 776	103
6.16	15.50	0.95	30.07	24 753	102
–406.95	1.13	–4.58	37.71	23	1
–5.12	51.98	–2.66	64.20	707	5

企业主要经济指标

利润率 （%）	全员劳动 生产率 （万元/人）	人均实现 利润 （万元/人）	人均固定资产 原价 （万元/人）	从业人员 （人）	企业数 （家）
5.07	13.53	0.69	29.69	8 870	44
5.23	13.47	0.70	29.06	8 477	41
1.86	14.81	0.28	43.20	393	3
8.83	17.48	1.54	67.46	1 450	4

4-23 西安市旅游

	固定资产原价（万元）	营业收入（万元）	利润（万元）	营业税金及附加（万元）
（一）星级饭店	546 062.98	202 992.30	-2 643.80	11 155.12
内资饭店	310 548.02	130 436.96	-3 782.07	7 418.22
外资饭店	235 514.96	72 555.34	1 138.27	3 736.90
（二）旅游景区	58 597.27	41 994.75	8 164.24	2 481.20

企业主要经济指标

利润率 （%）	全员劳动生产率 （万元/人）	人均实现利润 （万元/人）	人均固定资产原价 （万元/人）	从业人员 （人）	企业数 （家）
-1.30	13.76	-0.18	37.02	14 752	66
-2.90	11.56	-0.34	27.53	11 281	57
1.57	20.90	0.33	67.85	3 471	9
19.44	25.89	5.03	36.13	1 622	18

下　　篇

全国星级饭店综合资料

五、全国星级饭店综合资料

5-1 全国星级饭店

饭店注册登记类型和星级		饭店数（家）	客房数（间）	床位数（张）
饭店注册登记类型	**合　计**	**11 367**	**1 497 188**	**2 677 436**
	国有企业	3 315	445 443	780 536
	集体企业	478	48 542	87 965
	股份合作企业	231	27 292	49 497
	国有联营	11	1 148	2 109
	集体联营	18	1 624	2 889
	国有与集体联营	8	1 017	1 888
	其他联营	9	674	1 189
	国有独资公司	384	56 454	91 172
	其他有限责任公司	316	55 019	95 964
	股份有限公司	606	83 490	145 839
	私营独资	1 716	145 944	272 887
	私营合伙	369	35 053	59 119
	私营有限责任公司	1 702	207 586	357 805
	私营股份有限公司	209	27 456	47 493
	其他	1 528	229 351	385 039
	与港澳台商合资经营	106	30 489	46 552
	与港澳台商合作经营	33	8 920	13 836
	港澳台商独资	80	21 612	33 236
	港澳台商投资股份有限公司	21	4 885	92 266
	中外合资经营	111	24 683	38 358
	中外合作经营	29	7 232	11 811
	外资企业	70	16 686	25 079
	外商投资股份有限公司	17	16 588	34 907
饭店星级	**合　计**	**11 367**	**1 497 188**	**2 677 436**
	五星级	640	252 035	385 219
	四星级	2 186	437 364	827 957
	三星级	5 379	603 185	1 081 088
	二星级	3 020	197 534	369 338
	一星级	142	7 070	13 834

综合情况

客　房 出租率 （%）	营业收入 （万元）	营业税金 及 附 加 （万元）	固定资产 原　　价 （万元）
59.46	**24 302 157.62**	**1 529 517.73**	**47 675 434.82**
59.31	7 202 253.95	420 562.96	16 102 083.93
56.30	636 109.64	46 675.93	1 275 778.72
60.72	382 077.00	20 021.93	629 767.06
54.85	11 813.71	583.92	42 771.84
59.91	16 989.38	752.42	24 852.33
54.37	11 841.85	629.72	38 932.51
70.82	9 058.00	606.46	22 288.20
61.97	1 192 775.09	65 267.88	1 882 863.52
59.87	1 106 796.29	63 626.46	1 979 268.61
59.84	1 367 629.83	176 967.62	2 539 372.94
58.71	1 578 166.39	95 998.25	2 326 615.40
61.99	447 091.37	30 865.38	703 322.01
58.97	2 779 504.17	159 633.32	4 083 602.25
58.12	323 100.97	16 835.73	498 081.96
60.21	3 924 485.54	247 430.23	7 812 517.00
62.71	920 274.78	51 059.76	2 126 476.23
60.59	267 636.89	14 445.81	344 252.07
59.73	521 195.76	28 897.75	1 308 867.72
56.20	118 833.42	6 574.18	263 129.28
62.25	784 898.17	44 182.44	1 635 784.47
59.07	177 989.59	9 467.63	428 659.55
61.65	419 486.24	23 599.92	1 316 902.77
65.32	102 149.59	4 832.03	289 244.45
59.46	**24 302 157.62**	**1 529 517.73**	**47 675 434.82**
59.91	7 702 912.77	424 613.84	17 592 179.04
60.63	8 296 200.53	589 029.94	16 196 529.12
59.24	6 913 881.15	411 591.10	11 598 428.80
57.26	1 359 707.77	102 585.76	2 238 951.72
54.35	29 455.40	1 697.09	49 346.14

5-2 全国星级饭店

地区	总计	国有企业	集体企业	股份合作企业	国有联营	集体联营	国有与集体联营	其他联营	国有独资公司	其他有限责任公司	股份有限公司	私营独资
总计	**11 367**	**3 315**	**478**	**231**	**11**	**18**	**8**	**9**	**384**	**316**	**606**	**1 716**
北京	584	168	38	20	0	0	0	0	14	191	10	12
天津	103	37	4	1	0	0	0	0	0	0	3	0
河北	404	169	19	8	1	0	1	0	0	0	16	44
山西	280	100	11	9	0	0	0	0	0	0	29	34
内蒙古	245	60	12	2	0	0	0	0	1	0	12	53
辽宁	399	132	21	5	0	1	1	2	1	0	14	63
吉林	192	71	19	4	0	1	0	1	0	0	7	33
黑龙江	236	93	4	6	2	0	0	0	0	0	14	47
上海	281	107	18	4	0	0	2	0	24	0	18	14
江苏	732	127	31	13	0	0	0	0	308	0	49	162
浙江	783	105	48	24	0	2	1	1	3	0	62	80
安徽	383	105	10	14	0	0	0	0	0	0	31	64
福建	390	108	14	4	0	0	0	1	1	0	12	32
江西	303	101	4	9	0	0	0	0	0	0	21	41
山东	796	277	45	15	0	3	0	1	0	0	62	81
河南	339	120	30	5	1	0	0	1	1	0	25	42
湖北	367	123	11	10	1	0	0	1	4	0	13	49
湖南	449	108	8	18	1	0	0	0	0	0	25	121
广东	927	128	27	7	2	2	0	0	19	96	37	97
广西	339	90	10	5	1	0	0	0	0	0	18	74
海南	155	42	1	5	1	1	0	0	0	0	5	13
重庆	240	61	10	3	0	0	0	0	0	0	14	38
四川	396	239	4	15	0	0	0	0	0	29	20	33
贵州	290	81	3	4	1	0	0	0	1	0	9	96
云南	480	121	25	6	0	5	0	1	2	0	22	159
西藏	102	30	13	2	0	1	0	0	0	0	3	15
陕西	283	105	8	3	0	2	0	0	1	0	15	22
甘肃	287	109	17	5	0	0	3	0	0	0	20	54
青海	84	26	3	0	0	0	0	0	0	0	3	23
宁夏	77	14	1	2	0	0	0	0	2	0	3	10
新疆	441	158	9	3	0	0	0	0	2	0	14	110

的注册登记类型

单位：家

私营合伙	私营有限责任公司	私营股份有限公司	其他	与港澳台商合资经营	与港澳台商合作经营	港澳台商独资	港澳台商投资股份有限公司	中外合资经营	中外合作经营	外资企业	外商投资股份有限公司
369	**1 702**	**209**	**1 528**	**106**	**33**	**80**	**21**	**111**	**29**	**70**	**17**
7	73	3	0	26	2	3	1	13	3	0	0
0	0	0	58	0	0	0	0	0	0	0	0
3	61	7	67	3	0	0	0	2	0	2	1
4	47	7	36	2	0	1	0	0	0	0	0
4	42	4	53	0	0	1	0	0	0	0	1
4	60	4	51	5	3	4	0	17	1	7	3
0	30	4	20	1	0	0	0	0	0	1	0
2	28	3	32	2	0	1	0	0	0	2	0
0	32	1	58	0	0	0	0	0	0	3	0
0	0	0	10	6	0	7	0	10	2	6	1
96	227	20	87	3	0	3	9	5	1	1	5
7	71	8	64	2	0	2	1	1	0	3	0
29	77	11	48	6	0	15	1	15	5	11	0
11	61	12	34	1	0	1	0	4	0	3	0
3	135	12	136	7	0	5	0	11	0	2	1
3	45	7	50	3	0	0	0	4	2	0	0
16	58	11	53	2	2	5	0	2	0	5	1
34	72	25	25	4	0	3	2	1	0	2	0
37	117	22	238	16	23	19	6	14	9	9	2
24	62	4	41	2	0	6	0	0	2	0	0
1	23	2	46	5	2	2	1	3	0	2	0
12	49	6	41	3	0	0	0	0	0	2	1
19	29	3	3	1	0	0	0	0	0	1	0
12	44	5	32	1	0	0	0	0	0	1	0
11	67	9	42	2	0	0	0	3	1	3	1
7	13	1	14	0	0	0	0	1	0	2	0
5	32	4	76	1	1	1	0	3	3	1	0
2	44	7	24	0	0	1	0	1	0	0	0
2	11	0	15	1	0	0	0	0	0	0	0
2	24	1	17	0	0	0	0	0	0	1	0
12	68	6	57	1	0	0	0	1	0	0	0

5-3 全国星级饭店的地区分布

地 区	饭店数（家）	客房数（间）	床位数（张）	客房出租率（%）	营业收入（万元）	营业税金及附加（万元）	固定资产原价（万元）
总 计	**11 367**	**1 497 188**	**2 677 436**	**59.46**	**24 302 157.62**	**1 529 517.73**	**47 675 434.82**
北 京	584	118 287	205 522	60.63	2 953 663.10	164 007.50	6 408 967.70
天 津	103	17 831	28 975	49.58	282 590.15	16 199.12	440 819.09
河 北	404	51 566	95 183	50.79	716 284.59	41 846.04	1 608 865.90
山 西	280	32 277	57 285	61.14	525 431.79	31 174.83	1 081 787.28
内蒙古	245	23 943	42 745	52.18	321 210.32	16 613.79	732 536.80
辽 宁	399	64 046	104 194	56.32	727 860.08	40 184.53	1 821 278.53
吉 林	192	19 202	34 745	51.55	279 097.85	39 000.09	695 747.15
黑龙江	236	24 174	44 363	48.89	257 018.72	111 571.99	580 423.88
上 海	281	63 159	95 921	56.77	1 811 587.84	94 843.03	4 438 303.57
江 苏	732	91 284	150 873	61.05	1 863 685.30	100 543.78	2 952 918.22
浙 江	783	103 078	269 609	59.45	2 040 982.16	116 305.90	3 543 893.33
安 徽	383	44 796	80 582	57.38	589 300.61	31 591.82	1 155 464.20
福 建	390	54 173	88 876	60.79	967 516.54	55 199.70	1 312 446.46
江 西	303	39 316	69 083	57.76	348 182.88	19 596.43	672 306.65
山 东	796	94 734	165 628	63.54	1 647 408.16	88 748.82	3 134 876.56
河 南	339	41 695	74 529	60.67	502 479.97	28 900.65	906 967.31
湖 北	367	41 862	71 472	57.84	561 726.55	32 076.42	1 031 113.67
湖 南	449	54 603	96 160	76.85	861 878.74	47 301.03	1 365 406.28
广 东	927	139 488	225 488	58.48	2 583 403.83	153 802.58	4 360 771.58
广 西	339	44 805	78 944	58.56	443 306.13	32 839.87	882 322.67
海 南	155	30 035	52 491	60.19	477 823.50	26 314.82	1 065 782.19
重 庆	240	38 877	70 757	60.93	492 770.27	26 822.90	796 667.47
四 川	396	47 768	81 132	66.25	805 187.22	43 133.64	1 564 945.85
贵 州	290	24 566	42 876	64.24	245 265.42	13 811.73	445 900.89
云 南	480	46 240	85 439	58.00	436 890.37	34 082.69	1 009 215.48
西 藏	102	10 037	19 240	58.24	58 084.85	3 642.25	412 940.10
陕 西	283	38 988	70 506	59.28	535 493.13	29 109.58	1 069 746.68
甘 肃	287	29 878	54 449	55.76	255 867.30	13 779.89	620 347.10
青 海	84	8 434	15 461	48.20	70 455.38	32 021.69	162 990.09
宁 夏	77	8 790	14 707	55.13	110 548.81	5 449.24	274 224.32
新 疆	441	49 256	90 201	59.18	529 156.06	39 001.38	1 125 457.82

5-4 全国星级饭店的星级构成

单位：家

地　区	星级饭店总数	五星级	四星级	三星级	二星级	一星级
总　计	**11 367**	**640**	**2 186**	**5 379**	**3 020**	**142**
北　京	584	60	124	206	178	16
天　津	103	11	33	46	12	1
河　北	404	16	112	193	80	3
山　西	280	17	58	130	75	0
内蒙古	245	7	20	83	131	4
辽　宁	399	17	67	198	113	4
吉　林	192	5	43	85	58	1
黑龙江	236	5	47	116	65	3
上　海	281	53	65	109	52	2
江　苏	732	63	182	322	165	0
浙　江	783	48	157	322	239	17
安　徽	383	18	90	163	110	2
福　建	390	30	117	195	47	1
江　西	303	10	81	170	42	0
山　东	796	29	154	452	161	0
河　南	339	10	55	177	94	3
湖　北	367	14	68	162	118	5
湖　南	449	15	46	198	182	8
广　东	927	94	157	544	129	3
广　西	339	12	46	187	94	0
海　南	155	22	43	72	14	4
重　庆	240	19	52	118	50	1
四　川	396	17	84	169	120	6
贵　州	290	4	39	126	110	11
云　南	480	11	51	150	249	19
西　藏	102	1	12	44	38	7
陕　西	283	10	43	166	64	0
甘　肃	287	4	46	136	93	8
青　海	84	2	10	40	30	2
宁　夏	77	1	24	45	7	0
新　疆	441	15	60	255	100	11

5-5 全国星级饭店的营业收入总额

单位：万元

地 区	营业收入		
		#客房	#餐饮
总 计	**24 302 157.62**	**10 103 017.82**	**10 881 860.63**
北 京	2 953 663.10	1 379 458.30	1 000 354.80
天 津	282 590.15	115 211.84	125 065.03
河 北	716 284.59	242 241.12	378 988.57
山 西	525 431.79	200 044.18	269 989.47
内蒙古	321 210.32	121 917.11	177 142.74
辽 宁	727 860.08	317 613.83	323 687.92
吉 林	279 097.85	108 163.39	142 286.86
黑龙江	257 018.72	120 073.72	93 404.07
上 海	1 811 587.84	828 758.87	706 293.43
江 苏	1 863 685.30	630 305.16	1 051 480.62
浙 江	2 040 982.16	697 392.49	1 098 080.15
安 徽	589 300.61	231 882.94	282 979.00
福 建	967 516.54	388 001.04	481 498.10
江 西	348 182.88	173 247.60	150 025.68
山 东	1 647 408.16	618 116.59	847 471.21
河 南	502 479.97	192 154.03	240 013.83
湖 北	561 726.55	230 816.84	216 577.14
湖 南	861 878.74	345 720.23	395 237.13
广 东	2 583 403.83	1 068 756.97	1 122 415.56
广 西	443 306.13	185 836.75	189 520.38
海 南	477 823.50	284 488.71	135 545.92
重 庆	492 770.27	211 119.12	217 284.54
四 川	805 187.22	377 281.92	324 736.51
贵 州	245 265.42	130 023.53	90 452.68
云 南	436 890.37	206 776.78	122 845.90
西 藏	58 084.85	36 371.00	13 889.45
陕 西	535 493.13	220 363.96	262 824.17
甘 肃	255 867.30	125 130.86	109 246.41
青 海	70 455.38	37 291.83	27 249.89
宁 夏	110 548.81	43 945.96	57 974.71
新 疆	529 156.06	234 511.15	227 298.76

5–6 全国星级饭店的营业收入构成

地 区	营业收入（万元）	#客房（%）	#餐饮（%）
总 计	**24 302 157.62**	**41.57**	**44.78**
北 京	2 953 663.10	46.70	33.87
天 津	282 590.15	40.77	44.26
河 北	716 284.59	33.82	52.91
山 西	525 431.79	38.07	51.38
内蒙古	321 210.32	37.96	55.15
辽 宁	727 860.08	43.64	44.47
吉 林	279 097.85	38.75	50.98
黑龙江	257 018.72	46.72	36.34
上 海	1 811 587.84	45.75	38.99
江 苏	1 863 685.30	33.82	56.42
浙 江	2 040 982.16	34.17	53.80
安 徽	589 300.61	39.35	48.02
福 建	967 516.54	40.10	49.77
江 西	348 182.88	49.76	43.09
山 东	1 647 408.16	37.52	51.44
河 南	502 479.97	38.24	47.77
湖 北	561 726.55	41.09	38.56
湖 南	861 878.74	40.11	45.86
广 东	2 583 403.83	41.37	43.45
广 西	443 306.13	41.92	42.75
海 南	477 823.50	59.54	28.37
重 庆	492 770.27	42.84	44.09
四 川	805 187.22	46.86	40.33
贵 州	245 265.42	53.01	36.88
云 南	436 890.37	47.33	28.12
西 藏	58 084.85	62.62	23.91
陕 西	535 493.13	41.15	49.08
甘 肃	255 867.30	48.90	42.70
青 海	70 455.38	52.93	38.68
宁 夏	110 548.81	39.75	52.44
新 疆	529 156.06	44.32	42.95

5–7 全国星级饭店每间客房的收益

地　区	饭店数（家）	饭店规模		客　房出租率（%）	每间客房年收入（万元）
		客房数（间）	床位数（张）		
总　计	**11 367**	**1 497 188**	**2 677 436**	**59.46**	**16.23**
北　京	584	118 287	205 522	60.63	24.97
天　津	103	17 831	28 975	49.58	15.85
河　北	404	51 566	95 183	50.79	13.89
山　西	280	32 277	57 285	61.14	16.28
内蒙古	245	23 943	42 745	52.18	13.42
辽　宁	399	64 046	104 194	56.32	11.36
吉　林	192	19 202	34 745	51.55	14.53
黑龙江	236	24 174	44 363	48.89	10.63
上　海	281	63 159	95 921	56.77	28.68
江　苏	732	91 284	150 873	61.05	20.42
浙　江	783	103 078	269 609	59.45	19.80
安　徽	383	44 796	80 582	57.38	13.16
福　建	390	54 173	88 876	60.79	17.86
江　西	303	39 316	69 083	57.76	8.86
山　东	796	94 734	165 628	63.54	17.39
河　南	339	41 695	74 529	60.67	12.05
湖　北	367	41 862	71 472	57.84	13.42
湖　南	449	54 603	96 160	76.85	15.78
广　东	927	139 488	225 488	58.48	18.52
广　西	339	44 805	78 944	58.56	9.89
海　南	155	30 035	52 491	60.19	15.91
重　庆	240	38 877	70 757	60.93	12.68
四　川	396	47 768	81 132	66.25	16.86
贵　州	290	24 566	42 876	64.24	9.98
云　南	480	46 240	85 439	58.00	9.45
西　藏	102	10 037	19 240	58.24	5.79
陕　西	283	38 988	70 506	59.28	13.73
甘　肃	287	29 878	54 449	55.76	8.56
青　海	84	8 434	15 461	48.20	8.35
宁　夏	77	8 790	14 707	55.13	12.58
新　疆	441	49 256	90 201	59.18	10.74

5-8 全国星级饭店的人均效益

地 区	全员劳动生产率（万元/人）	人均实现利润（万元/人）	人均占用固定资产原价（万元/人）	年末从业人员（人）
总 计	**15.28**	**0.32**	**29.97**	**1 590 590**
北 京	24.48	1.58	53.11	120 674
天 津	15.48	–1.02	24.15	18 252
河 北	11.77	–0.94	26.44	60 849
山 西	11.05	–0.65	22.75	47 541
内蒙古	12.55	–0.89	28.63	25 589
辽 宁	13.52	–0.56	33.84	53 820
吉 林	12.93	–0.87	32.24	21 580
黑龙江	11.83	0.37	26.72	21 723
上 海	27.73	1.97	67.94	65 331
江 苏	17.78	0.21	28.17	104 811
浙 江	17.95	0.22	31.17	113 701
安 徽	13.30	0.36	26.08	44 304
福 建	10.76	0.44	14.60	89 905
江 西	11.37	0.37	21.95	30 627
山 东	14.97	–0.07	28.48	110 083
河 南	10.50	–0.40	18.96	47 834
湖 北	14.11	–0.13	25.90	39 813
湖 南	15.72	0.76	24.90	54 830
广 东	16.76	0.57	28.29	154 157
广 西	12.39	–0.03	24.65	35 789
海 南	19.41	3.96	43.29	24 619
重 庆	14.64	0.42	23.66	33 667
四 川	13.96	0.53	27.13	57 675
贵 州	10.72	0.64	19.49	22 883
云 南	7.88	0.10	18.20	55 453
西 藏	7.98	0.27	56.73	7 279
陕 西	11.87	–0.11	23.71	45 115
甘 肃	9.14	0.07	22.16	27 995
青 海	10.30	0.19	23.83	6 840
宁 夏	11.29	–1.03	28.00	9 792
新 疆	13.90	–0.16	29.57	38 059

六、全国五星级饭店综合资料

6-1 全国五星级饭店

饭店注册登记类型	饭店数（家）	客房数（张）	床位数（张）
合　计	**640**	**252 035**	**385 219**
国有企业	143	57 251	83 181
集体企业	8	2 711	4 318
股份合作企业	4	1 664	2 709
国有联营	1	195	354
集体联营	—	—	—
国有与集体联营	—	—	—
其他联营	—	—	—
国有独资公司	37	11 714	16 677
其他有限责任公司	22	8 767	13 116
股份有限公司	27	11 147	18 492
私营独资	32	9 744	14 456
私营合伙	9	2 960	4 323
私营有限责任公司	64	20 470	30 724
私营股份有限公司	15	4 467	7 675
其他	134	50 031	75 482
与港澳台商合资经营	37	16 129	23 712
与港澳台商合作经营	8	3 695	4 810
港澳台商独资	22	8 912	12 748
港澳台商投资股份有限公司	7	2 272	3 616
中外合资经营	30	11 456	17 045
中外合作经营	8	3 120	4 590
外资企业	26	10 082	14 281
外商投资股份有限公司	6	15 248	32 910

综合情况

客　房 出租率 （%）	营业收入 （万元）	营业税金 及 附 加 （万元）	固定资产 原　　价 （万元）
59.91	**7 702 912.77**	**424 613.84**	**17 592 179.04**
59.64	1 700 096.03	88 219.32	4 908 174.60
61.74	73 529.68	4 117.85	155 905.58
77.59	69 978.30	3 894.53	84 988.72
54.53	3 907.70	218.50	16 219.10
—	—	—	—
—	—	—	—
—	—	—	—
60.38	377 421.89	20 784.10	816 788.62
63.33	322 643.14	18 044.31	650 963.35
56.84	361 799.39	19 652.46	797 130.83
60.10	337 294.95	17 261.29	396 074.98
63.07	103 447.11	10 164.40	194 531.12
58.69	556 878.39	31 215.68	835 387.96
54.49	83 030.20	4 311.30	121 884.80
59.61	1 495 624.32	84 742.28	3 439 675.91
60.26	620 049.75	34 452.28	1 500 257.61
57.07	162 296.44	8 514.04	141 937.54
59.75	335 790.90	18 501.17	875 100.48
59.37	74 729.37	4 196.93	162 791.00
61.74	492 889.69	27 747.65	986 147.70
61.30	106 901.59	5 456.06	202 611.51
59.68	339 630.64	19 229.06	1 052 582.68
61.82	84 973.29	3 890.63	253 024.95

6-2 全国五星级饭店

地区	总计	国有企业	集体企业	股份合作企业	国有联营	集体联营	国有与集体联营	其他联营	国有独资公司	其他有限责任公司	股份有限公司	私营独资
总 计	**640**	**143**	**8**	**4**	**1**	**0**	**0**	**0**	**37**	**22**	**27**	**32**
北 京	60	8	0	2	0	0	0	0	2	16	4	0
天 津	11	3	0	0	0	0	0	0	0	0	0	0
河 北	16	6	0	0	0	0	0	0	0	0	0	3
山 西	17	3	1	0	0	0	0	0	0	0	2	2
内蒙古	7	2	0	0	0	0	0	0	0	0	0	0
辽 宁	17	3	0	0	0	0	0	0	0	0	0	1
吉 林	5	1	0	0	0	0	0	0	0	0	1	0
黑龙江	5	0	0	0	0	0	0	0	0	0	0	1
上 海	53	15	2	0	0	0	0	0	6	0	1	3
江 苏	63	13	2	1	0	0	0	0	26	0	3	5
浙 江	48	7	0	0	0	0	0	0	0	0	4	2
安 徽	18	5	0	0	0	0	0	0	0	0	2	0
福 建	30	7	0	0	0	0	0	0	0	0	1	1
江 西	10	4	0	0	0	0	0	0	0	0	0	2
山 东	29	9	1	0	0	0	0	0	0	0	2	0
河 南	10	2	0	0	1	0	0	0	0	0	0	0
湖 北	14	3	0	0	0	0	0	0	0	0	1	2
湖 南	15	8	0	1	0	0	0	0	0	0	1	0
广 东	94	6	1	0	0	0	0	0	1	4	1	3
广 西	12	4	0	0	0	0	0	0	0	0	0	1
海 南	22	5	0	0	0	0	0	0	0	0	1	0
重 庆	19	2	0	0	0	0	0	0	0	0	1	3
四 川	17	10	0	0	0	0	0	0	0	2	1	0
贵 州	4	2	0	0	0	0	0	0	0	0	0	0
云 南	11	4	0	0	0	0	0	0	1	0	1	0
西 藏	1	0	0	0	0	0	0	0	0	0	0	0
陕 西	10	2	0	0	0	0	0	0	0	0	0	2
甘 肃	4	2	0	0	0	0	0	0	0	0	0	0
青 海	2	1	0	0	0	0	0	0	0	0	0	0
宁 夏	1	1	0	0	0	0	0	0	0	0	0	0
新 疆	15	5	1	0	0	0	0	0	1	0	0	1

的注册登记类型

单位：家

私营合伙	私营有限责任公司	私营股份有限公司	其他	与港澳台商合资经营	与港澳台商合作经营	港澳台商独资	港澳台商投资股份有限公司	中外合资经营	中外合作经营	外资企业	外商投资股份有限公司
9	**64**	**15**	**134**	**37**	**8**	**22**	**7**	**30**	**8**	**26**	**6**
1	0	2	0	13	2	1	0	7	2	0	0
0	0	0	8	0	0	0	0	0	0	0	0
0	5	0	1	0	0	0	0	1	0	0	0
0	3	0	5	1	0	0	0	0	0	0	0
0	1	0	2	0	0	1	0	0	0	0	1
0	3	0	3	3	1	1	0	0	0	1	1
0	1	0	1	0	0	0	0	0	0	1	0
0	0	1	2	0	0	0	0	0	0	1	0
0	4	0	19	0	0	0	0	0	0	3	0
0	0	0	2	3	0	2	0	2	0	3	1
4	13	1	5	2	0	2	4	3	0	0	1
0	2	2	5	0	0	1	0	0	0	1	0
1	3	1	2	0	0	3	0	5	2	4	0
0	2	0	2	0	0	0	0	0	0	0	0
0	3	1	8	2	0	1	0	2	0	0	0
0	0	0	4	2	0	0	0	0	1	0	0
0	1	0	2	0	1	2	0	1	0	1	0
0	2	1	2	0	0	0	0	0	0	0	0
2	11	4	34	3	4	5	2	4	2	6	1
0	1	0	3	1	0	2	0	0	0	0	0
0	1	0	7	4	0	0	1	2	0	1	0
1	1	0	6	2	0	0	0	0	0	2	1
0	3	1	0	0	0	0	0	0	0	0	0
0	0	0	2	0	0	0	0	0	0	0	0
0	1	0	4	0	0	0	0	0	0	0	0
0	0	0	0	0	0	0	0	0	0	1	0
0	0	0	1	0	0	1	0	2	1	1	0
0	1	1	0	0	0	0	0	0	0	0	0
0	0	0	1	0	0	0	0	0	0	0	0
0	0	0	0	0	0	0	0	0	0	0	0
0	2	0	3	1	0	0	0	1	0	0	0

6-3 全国五星级饭店的地区分布

地 区	饭店数（家）	客房数（间）	床位数（张）	客房出租率（%）	营业收入（万元）	营业税金及附加（万元）	固定资产原价（万元）
总 计	**640**	**252 035**	**385 219**	**59.91**	**7 702 912.77**	**424 613.84**	**17 592 179.04**
北 京	60	29 964	46 120	64.94	1 277 601.60	70 558.00	2 900 097.90
天 津	11	3 657	5 128	42.97	74 005.03	4 230.43	59 546.93
河 北	16	4 477	6 584	53.66	122 275.69	7 094.86	480 879.40
山 西	17	4 566	7 263	61.99	129 000.61	7 039.71	313 032.99
内蒙古	7	2 897	4 285	58.26	94 739.42	4 603.93	225 940.83
辽 宁	17	20 010	27 227	59.04	196 345.62	11 420.42	406 753.10
吉 林	5	1 645	2 450	56.10	55 465.20	2 962.50	168 501.50
黑龙江	5	1 203	1 689	60.90	48 459.63	2 774.58	59 802.10
上 海	53	23 478	32 694	58.89	1 013 124.32	54 959.25	2 784 960.73
江 苏	63	18 586	26 940	59.38	578 977.21	32 197.05	1 255 502.04
浙 江	48	14 812	22 331	56.86	506 603.90	31 661.90	1 132 312.47
安 徽	18	5 707	9 412	52.49	105 827.00	5 971.11	290 272.45
福 建	30	9 175	13 368	63.31	314 762.74	17 919.72	458 978.61
江 西	10	3 059	4 588	58.34	63 229.17	3 435.32	132 821.95
山 东	29	9 251	13 880	61.47	327 131.88	17 464.31	902 870.07
河 南	10	2 767	4 143	58.15	88 841.55	4 915.00	190 239.46
湖 北	14	4 564	6 564	60.92	159 863.45	6 598.87	263 677.68
湖 南	15	5 726	9 553	81.95	258 940.84	10 515.58	459 259.30
广 东	94	37 000	55 159	58.59	1 093 004.69	63 705.70	2 053 923.28
广 西	12	4 311	7 051	53.39	98 974.33	5 492.16	323 931.86
海 南	22	9 806	15 937	58.58	300 822.39	16 875.63	629 184.05
重 庆	19	14 600	29 058	61.02	191 986.13	10 383.64	393 320.86
四 川	17	5 574	8 622	63.64	201 856.35	10 522.34	433 163.64
贵 州	4	1 353	1 857	64.07	43 689.46	2 441.11	116 064.70
云 南	11	3 357	6 665	66.20	69 754.75	3 579.59	227 363.00
西 藏	1	162	242	21.69	5 197.10	313.80	56 391.70
陕 西	10	4 232	6 689	58.45	112 043.96	5 886.97	369 262.37
甘 肃	4	1 126	1 840	43.20	18 781.60	1 036.32	73 995.18
青 海	2	707	1 217	53.19	14 005.40	820.23	31 834.94
宁 夏	1	482	587	41.80	10 018.63	0.00	69 938.29
新 疆	15	3 781	6 076	56.97	127 583.12	7 233.81	328 355.66

6-4　全国五星级饭店的营业收入总额

单位：万元

地　区	营业收入	#客房	#餐饮
总　计	**7 702 912.77**	**3 393 071.00**	**3 311 923.32**
北　京	1 277 601.60	596 066.10	445 248.60
天　津	74 005.03	34 652.00	32 790.92
河　北	122 275.69	44 984.35	60 174.97
山　西	129 000.61	54 320.19	59 721.82
内蒙古	94 739.42	35 229.60	51 453.12
辽　宁	196 345.62	90 580.02	81 703.41
吉　林	55 465.20	23 443.30	23 685.50
黑龙江	48 459.63	26 548.84	18 493.93
上　海	1 013 124.32	486 640.22	424 568.41
江　苏	578 977.21	227 182.06	302 594.98
浙　江	506 603.90	176 117.96	281 531.85
安　徽	105 827.00	47 930.62	50 120.29
福　建	314 762.74	129 293.29	155 382.08
江　西	63 229.17	28 565.88	29 158.22
山　东	327 131.88	139 237.56	149 858.05
河　南	88 841.55	36 737.78	40 406.67
湖　北	159 863.45	62 105.56	48 815.00
湖　南	258 940.84	87 523.83	132 381.02
广　东	1 093 004.69	465 488.21	465 792.67
广　西	98 974.33	42 408.64	44 074.75
海　南	300 822.39	193 763.83	88 775.27
重　庆	191 986.13	81 378.25	84 848.13
四　川	201 856.35	96 815.00	78 407.70
贵　州	43 689.46	22 152.25	18 968.80
云　南	69 754.75	41 108.27	19 481.20
西　藏	5 197.10	3 258.90	1 540.70
陕　西	112 043.96	55 028.68	48 200.45
甘　肃	18 781.60	10 169.48	6 572.22
青　海	14 005.40	8 366.60	4 346.70
宁　夏	10 018.63	5 303.53	3 176.13
新　疆	127 583.12	40 670.20	59 649.76

6-5 全国五星级饭店的营业收入构成

地 区	营业收入（万元）	#客房（%）	#餐饮（%）
总 计	**7 702 912.77**	**44.05**	**43.00**
北 京	1 277 601.60	46.66	34.85
天 津	74 005.03	46.82	44.31
河 北	122 275.69	36.79	49.21
山 西	129 000.61	42.11	46.30
内蒙古	94 739.42	37.19	54.31
辽 宁	196 345.62	46.13	41.61
吉 林	55 465.20	42.27	42.70
黑龙江	48 459.63	54.79	38.16
上 海	1 013 124.32	48.03	41.91
江 苏	578 977.21	39.24	52.26
浙 江	506 603.90	34.76	55.57
安 徽	105 827.00	45.29	47.37
福 建	314 762.74	41.08	49.36
江 西	63 229.17	45.18	46.12
山 东	327 131.88	42.56	45.81
河 南	88 841.55	41.35	45.48
湖 北	159 863.45	38.85	30.54
湖 南	258 940.84	33.80	51.12
广 东	1 093 004.69	42.59	42.62
广 西	98 974.33	42.85	44.53
海 南	300 822.39	64.41	29.51
重 庆	191 986.13	42.39	44.19
四 川	201 856.35	47.96	38.84
贵 州	43 689.46	50.70	43.42
云 南	69 754.75	58.93	27.93
西 藏	5 197.10	62.71	29.65
陕 西	112 043.96	49.11	43.02
甘 肃	18 781.60	54.15	34.99
青 海	14 005.40	59.74	31.04
宁 夏	10 018.63	52.94	31.70
新 疆	127 583.12	31.88	46.75

6-6 全国五星级饭店每间客房的收益

地区	饭店数（家）	饭店规模		客房出租率（%）	每间客房年收入（万元）
		客房数（间）	床位数（张）		
总计	**640**	**252 035**	**385 219**	**59.91**	**30.56**
北京	60	29 964	46 120	64.94	42.64
天津	11	3 657	5 128	42.97	20.24
河北	16	4 477	6 584	53.66	27.31
山西	17	4 566	7 263	61.99	28.25
内蒙古	7	2 897	4 285	58.26	32.70
辽宁	17	20 010	27 227	59.04	9.81
吉林	5	1 645	2 450	56.10	33.72
黑龙江	5	1 203	1 689	60.90	40.28
上海	53	23 478	32 694	58.89	43.15
江苏	63	18 586	26 940	59.38	31.15
浙江	48	14 812	22 331	56.86	34.20
安徽	18	5 707	9 412	52.49	18.54
福建	30	9 175	13 368	63.31	34.31
江西	10	3 059	4 588	58.34	20.67
山东	29	9 251	13 880	61.47	35.36
河南	10	2 767	4 143	58.15	32.11
湖北	14	4 564	6 564	60.92	35.03
湖南	15	5 726	9 553	81.95	45.22
广东	94	37 000	55 159	58.59	29.54
广西	12	4 311	7 051	53.39	22.96
海南	22	9 806	15 937	58.58	30.68
重庆	19	14 600	29 058	61.02	13.15
四川	17	5 574	8 622	63.64	36.21
贵州	4	1 353	1 857	64.07	32.29
云南	11	3 357	6 665	66.20	20.78
西藏	1	162	242	21.69	32.08
陕西	10	4 232	6 689	58.45	26.48
甘肃	4	1 126	1 840	43.20	16.68
青海	2	707	1 217	53.19	19.81
宁夏	1	482	587	41.80	20.79
新疆	15	3 781	6 076	56.97	33.74

6-7 全国五星级饭店的人均效益

地 区	全员劳动生产率（万元/人）	人均实现利润（万元/人）	人均占用固定资产原价（万元/人）	年末从业人员（人）
总 计	**24.12**	**1.72**	**55.08**	**319 420**
北 京	33.68	3.58	76.46	37 929
天 津	17.99	–1.88	14.48	4 113
河 北	15.30	–3.76	60.16	7 993
山 西	16.69	–0.58	40.49	7 731
内蒙古	21.70	–0.86	51.75	4 366
辽 宁	17.68	0.82	36.62	11 107
吉 林	23.13	1.08	70.27	2 398
黑龙江	30.40	7.75	37.52	1 594
上 海	35.41	4.98	97.35	28 608
江 苏	23.46	0.09	50.88	24 678
浙 江	23.32	0.98	52.12	21 725
安 徽	15.99	0.52	43.87	6 617
福 建	22.14	1.77	32.29	14 216
江 西	15.64	0.12	32.85	4 043
山 东	20.64	0.65	56.97	15 848
河 南	17.07	–1.08	36.55	5 205
湖 北	27.23	0.46	44.91	5 871
湖 南	29.19	2.35	51.77	8 871
广 东	21.98	1.21	41.30	49 735
广 西	18.23	–0.78	59.67	5 429
海 南	25.14	7.84	52.57	11 968
重 庆	20.62	0.59	42.25	9 310
四 川	24.06	4.05	51.62	8 391
贵 州	22.54	4.56	59.89	1 938
云 南	14.70	1.33	47.91	4 746
西 藏	19.54	2.42	212.00	266
陕 西	20.95	1.21	69.03	5 349
甘 肃	13.44	–0.45	52.97	1 397
青 海	17.38	0.43	39.50	806
宁 夏	19.30	–0.53	134.76	519
新 疆	19.18	0.01	49.35	6 653

七、全国四星级饭店综合资料

7-1 全国四星级饭店

	饭店数（家）	客房数（间）	床位数（张）
合 计	**2 186**	**437 364**	**827 957**
国有企业	629	129 067	219 421
集体企业	50	8 187	13 599
股份合作企业	50	8 408	14 467
国有联营	2	410	740
集体联营	3	416	700
国有与集体联营	1	151	290
其他联营	1	116	198
国有独资公司	113	22 951	36 375
其他有限责任公司	74	20 177	35 276
股份有限公司	147	30 090	50 332
私营独资	146	23 932	53 272
私营合伙	35	5 999	9 774
私营有限责任公司	357	64 213	108 366
私营股份有限公司	46	8 986	15 244
其他	378	74 066	122 221
与港澳台商合资经营	34	9 366	14 261
与港澳台商合作经营	13	3 794	6 541
港澳台商独资	31	9 739	15 461
港澳台商投资股份有限公司	6	1 451	86 615
中外合资经营	43	9 565	14 620
中外合作经营	9	2 674	4 646
外资企业	18	3 606	5 538
外商投资股份有限公司	—	—	—

综合情况

客房出租率（%）	营业收入（万元）	营业税金及附加（万元）	固定资产原价（万元）
60.63	**8 296 200.53**	**589 029.93**	**16 196 529.12**
61.50	2 653 111.49	169 868.61	5 891 845.15
55.79	156 304.47	9 974.34	405 659.12
62.10	149 607.21	8 081.76	233 897.13
55.21	4 212.10	128.10	15 250.71
47.38	4 750.20	259.91	10 013.20
28.44	2 835.00	152.66	24 751.93
67.77	1 902.20	150.70	18 359.30
63.81	505 226.67	27 793.30	713 471.14
58.22	438 213.01	23 690.17	736 170.82
60.26	592 026.12	131 219.38	1 074 728.05
60.73	389 563.92	22 657.55	549 452.30
60.86	113 083.46	7 081.45	182 758.18
58.80	1 055 530.13	60 430.99	1 596 011.27
58.54	135 291.21	6 957.26	233 035.09
59.79	1 232 452.88	72 650.18	2 479 971.25
68.57	228 634.27	12 734.65	481 299.41
63.45	85 752.12	4 773.03	182 734.75
57.75	153 561.50	8 547.83	371 352.29
52.49	32 556.24	1 793.31	77 406.90
62.80	248 145.85	13 900.66	567 054.24
59.15	54 589.08	2 938.13	135 500.14
67.76	58 851.40	3 245.96	215 806.75
—	—	—	—

7-2 全国四星级饭店

地区	总计	国有企业	集体企业	股份合作企业	国有联营	集体联营	国有与集体联营	其他联营	国有独资公司	其他有限责任公司	股份有限公司	私营独资
总　计	**2 186**	**629**	**50**	**50**	**2**	**3**	**1**	**1**	**113**	**74**	**147**	**146**
北　京	124	30	4	1	0	0	0	0	2	54	3	1
天　津	33	13	1	0	0	0	0	0	0	0	1	0
河　北	112	36	2	3	1	0	0	0	0	0	4	8
山　西	58	10	1	3	0	0	0	0	0	0	6	7
内蒙古	20	7	0	0	0	0	0	0	1	0	0	2
辽　宁	67	11	2	2	0	0	0	0	1	0	2	6
吉　林	43	16	2	0	0	1	0	0	0	0	1	6
黑龙江	47	22	1	1	0	0	0	0	0	0	3	5
上　海	65	24	0	1	0	0	1	0	12	0	5	2
江　苏	182	36	6	3	0	0	0	0	89	0	10	22
浙　江	157	16	10	6	0	0	0	0	1	0	24	6
安　徽	90	28	1	7	0	0	0	0	0	0	7	7
福　建	117	29	2	1	0	0	0	0	0	0	4	10
江　西	81	21	2	2	0	0	0	0	0	0	4	5
山　东	154	65	5	1	0	1	0	0	0	0	20	1
河　南	55	21	1	2	0	0	0	0	0	0	6	5
湖　北	68	23	1	2	0	0	0	1	1	0	3	5
湖　南	46	18	1	0	1	0	0	0	0	0	4	2
广　东	157	20	3	1	0	0	0	0	4	15	10	6
广　西	46	10	0	0	0	0	0	0	0	0	6	2
海　南	43	8	0	3	0	0	0	0	0	0	1	2
重　庆	52	15	2	0	0	0	0	0	0	0	3	6
四　川	84	55	0	5	0	0	0	0	0	5	5	3
贵　州	39	8	0	1	0	0	0	0	1	0	1	4
云　南	51	18	1	2	0	1	0	0	0	0	4	7
西　藏	12	5	0	0	0	0	0	0	0	0	1	1
陕　西	43	13	0	0	0	0	0	0	0	0	0	1
甘　肃	46	21	2	1	0	0	0	0	0	0	1	2
青　海	10	4	0	0	0	0	0	0	0	0	1	0
宁　夏	24	4	0	1	0	0	0	0	1	0	1	2
新　疆	60	22	0	1	0	0	0	0	0	0	6	10

的注册登记类型

单位：家

私营合伙	私营有限责任公司	私营股份有限公司	其他	与港澳台商合资经营	与港澳台商合作经营	港澳台商独资	港澳台商投资股份有限公司	中外合资经营	中外合作经营	外资企业	外商投资股份有限公司
35	**357**	**46**	**378**	**34**	**13**	**31**	**6**	**43**	**9**	**18**	**0**
1	9	0	0	10	0	2	1	6	0	0	0
0	0	0	18	0	0	0	0	0	0	0	0
2	24	4	25	3	0	0	0	0	0	0	0
0	14	1	16	0	0	0	0	0	0	0	0
1	4	0	5	0	0	0	0	0	0	0	0
0	15	2	10	1	1	2	0	9	1	2	0
0	6	3	7	1	0	0	0	0	0	0	0
0	2	0	11	1	0	0	0	0	0	1	0
0	2	0	18	0	0	0	0	0	0	0	0
0	0	0	0	2	0	4	0	7	1	2	0
6	51	3	28	1	0	1	3	1	0	0	0
0	19	1	18	0	0	0	0	1	0	1	0
7	24	6	15	1	0	8	1	4	2	3	0
0	22	5	13	0	0	1	0	4	0	2	0
0	21	3	30	3	0	1	0	2	0	1	0
1	2	3	9	1	0	0	0	3	1	0	0
1	16	1	9	1	1	2	0	0	0	1	0
0	7	5	5	2	0	0	0	0	0	1	0
7	23	1	39	3	9	7	1	4	2	2	0
2	17	0	5	1	0	2	0	0	1	0	0
0	6	0	20	1	1	0	0	1	0	0	0
0	16	1	9	0	0	0	0	0	0	0	0
3	6	1	1	0	0	0	0	0	0	0	0
0	10	1	12	0	0	0	0	0	0	1	0
0	9	2	7	0	0	0	0	0	0	0	0
1	1	1	2	0	0	0	0	0	0	0	0
1	4	0	21	1	1	0	0	0	1	0	0
1	11	1	4	0	0	1	0	1	0	0	0
0	1	0	3	1	0	0	0	0	0	0	0
0	7	1	6	0	0	0	0	0	0	1	0
1	8	0	12	0	0	0	0	0	0	0	0

7-3 全国四星级饭店的地区分布

地　区	饭店数（家）	客房数（间）	床位数（张）	客　房出租率（%）	营业收入（万元）	营业税金及附加（万元）	固定资产原　价（万元）
总　计	**2 186**	**437 364**	**827 957**	**60.63**	**8 296 200.53**	**589 029.93**	**16 196 529.12**
北　京	124	37 197	62 864	62.53	951 612.30	51 847.60	2 106 081.90
天　津	33	6 982	11 066	52.89	121 046.36	7 033.74	235 695.18
河　北	112	18 407	33 654	52.11	311 419.84	19 316.95	641 271.37
山　西	58	8 644	14 277	60.67	154 456.31	9 327.71	323 322.49
内蒙古	20	3 519	5 853	53.86	65 504.51	3 500.36	231 267.95
辽　宁	67	13 754	21 673	58.59	268 271.60	15 573.94	814 509.08
吉　林	43	6 934	11 875	54.42	129 000.66	30 204.47	341 712.68
黑龙江	47	7 859	13 469	49.33	107 743.02	104 449.30	339 243.69
上　海	65	19 741	29 672	59.60	518 732.86	25 560.83	1 062 067.96
江　苏	182	33 182	53 721	61.12	735 738.04	39 867.30	1 156 155.68
浙　江	157	32 334	150 442	61.77	805 835.89	45 166.67	1 280 911.56
安　徽	90	15 664	27 318	57.20	236 396.50	13 183.38	510 991.00
福　建	117	21 834	35 304	61.08	395 183.29	22 250.01	536 097.52
江　西	81	14 644	25 387	57.14	153 937.43	8 752.20	300 107.34
山　东	154	28 270	46 137	65.30	619 051.48	34 495.06	1 181 178.56
河　南	55	11 148	18 422	58.71	148 414.94	9 053.99	289 510.89
湖　北	68	12 239	20 637	58.43	177 892.82	13 859.51	377 560.94
湖　南	46	11 484	19 861	77.76	230 142.80	13 338.90	402 463.79
广　东	157	35 003	56 883	59.90	681 854.00	41 627.91	1 157 745.23
广　西	46	10 094	17 860	58.06	148 553.88	7 728.44	238 441.21
海　南	43	10 641	18 863	64.10	129 729.44	6 808.01	330 469.08
重　庆	52	9 317	15 125	66.17	166 596.50	8 984.76	196 960.17
四　川	84	14 323	24 259	69.88	282 628.80	15 218.05	582 822.10
贵　州	39	6 542	10 470	71.40	94 409.18	5 268.99	121 114.02
云　南	51	9 834	17 265	63.06	134 430.18	6 743.77	278 711.70
西　藏	12	2 630	4 764	43.20	24 838.07	1 424.52	107 527.47
陕　西	43	10 401	17 633	59.21	179 789.48	10 193.33	325 929.43
甘　肃	46	7 683	13 131	55.04	85 410.42	5 030.27	191 991.65
青　海	10	1 544	2 738	48.39	26 204.04	1 500.36	48 079.36
宁　夏	24	3 742	5 969	53.78	53 007.29	2 994.02	119 770.80
新　疆	60	11 774	21 365	59.57	158 368.60	8 725.58	366 817.32

7-4 全国四星级饭店的营业收入总额

单位：万元

地　区	营业收入		
		#客房	#餐饮
总　计	**8 296 200.53**	**3 384 906.13**	**3 802 571.18**
北　京	951 612.30	434 416.60	318 404.50
天　津	121 046.36	50 053.76	51 951.81
河　北	311 419.84	106 449.43	157 880.75
山　西	154 456.31	55 666.68	85 747.80
内蒙古	65 504.51	26 258.48	35 752.03
辽　宁	268 271.60	110 886.02	128 924.67
吉　林	129 000.66	45 975.62	70 535.44
黑龙江	107 743.02	47 302.58	41 476.54
上　海	518 732.86	227 297.01	180 818.83
江　苏	735 738.04	243 328.72	422 846.82
浙　江	805 835.89	271 278.88	449 153.49
安　徽	236 396.50	97 703.04	112 506.79
福　建	395 183.29	159 933.42	200 959.65
江　西	153 937.43	79 182.09	62 014.01
山　东	619 051.48	230 160.36	317 731.90
河　南	148 414.94	63 209.73	64 183.12
湖　北	177 892.82	78 182.86	71 736.78
湖　南	230 142.80	98 429.68	106 172.13
广　东	681 854.00	273 329.59	311 249.80
广　西	148 553.88	56 606.42	66 943.95
海　南	129 729.44	63 274.37	31 775.49
重　庆	166 596.50	71 996.58	77 736.54
四　川	282 628.80	141 841.12	109 892.61
贵　州	94 409.18	49 830.15	37 405.53
云　南	134 430.18	68 738.61	46 646.29
西　藏	24 838.07	14 666.58	6 733.07
陕　西	179 789.48	73 058.37	90 827.92
甘　肃	85 410.42	43 668.83	35 907.90
青　海	26 204.04	10 347.80	12 871.34
宁　夏	53 007.29	20 956.07	29 151.49
新　疆	158 368.60	70 876.68	66 632.19

7-5 全国四星级饭店的营业收入构成

地　区	营业收入（万元）		
		#客房（%）	#餐饮（%）
总　计	**8 296 200.53**	**40.80**	**45.84**
北　京	951 612.30	45.65	33.46
天　津	121 046.36	41.35	42.92
河　北	311 419.84	34.18	50.70
山　西	154 456.31	36.04	55.52
内蒙古	65 504.51	40.09	54.58
辽　宁	268 271.60	41.33	48.06
吉　林	129 000.66	35.64	54.68
黑龙江	107 743.02	43.90	38.50
上　海	518 732.86	43.82	34.86
江　苏	735 738.04	33.07	57.47
浙　江	805 835.89	33.66	55.74
安　徽	236 396.50	41.33	47.59
福　建	395 183.29	40.47	50.85
江　西	153 937.43	51.44	40.29
山　东	619 051.48	37.18	51.33
河　南	148 414.94	42.59	43.25
湖　北	177 892.82	43.95	40.33
湖　南	230 142.80	42.77	46.13
广　东	681 854.00	40.09	45.65
广　西	148 553.88	38.10	45.06
海　南	129 729.44	48.77	24.49
重　庆	166 596.50	43.22	46.66
四　川	282 628.80	50.19	38.88
贵　州	94 409.18	52.78	39.62
云　南	134 430.18	51.13	34.70
西　藏	24 838.07	59.05	27.11
陕　西	179 789.48	40.64	50.52
甘　肃	85 410.42	51.13	42.04
青　海	26 204.04	39.49	49.12
宁　夏	53 007.29	39.53	55.00
新　疆	158 368.60	44.75	42.07

7-6 全国四星级饭店每间客房的收益

地　区	饭店数（家）	饭店规模		客房出租率（%）	每间客房年收入（万元）
		客房数（间）	床位数（张）		
总　计	**2 186**	**437 364**	**827 957**	**60.63**	**18.97**
北　京	124	37 197	62 864	62.53	25.58
天　津	33	6 982	11 066	52.89	17.34
河　北	112	18 407	33 654	52.11	16.92
山　西	58	8 644	14 277	60.67	17.87
内蒙古	20	3 519	5 853	53.86	18.61
辽　宁	67	13 754	21 673	58.59	19.50
吉　林	43	6 934	11 875	54.42	18.60
黑龙江	47	7 859	13 469	49.33	13.71
上　海	65	19 741	29 672	59.60	26.28
江　苏	182	33 182	53 721	61.12	22.17
浙　江	157	32 334	150 442	61.77	24.92
安　徽	90	15 664	27 318	57.20	15.09
福　建	117	21 834	35 304	61.08	18.10
江　西	81	14 644	25 387	57.14	10.51
山　东	154	28 270	46 137	65.30	21.90
河　南	55	11 148	18 422	58.71	13.31
湖　北	68	12 239	20 637	58.43	14.53
湖　南	46	11 484	19 861	77.76	20.04
广　东	157	35 003	56 883	59.90	19.48
广　西	46	10 094	17 860	58.06	14.72
海　南	43	10 641	18 863	64.10	12.19
重　庆	52	9 317	15 125	66.17	17.88
四　川	84	14 323	24 259	69.88	19.73
贵　州	39	6 542	10 470	71.40	14.43
云　南	51	9 834	17 265	63.06	13.67
西　藏	12	2 630	4 764	43.20	9.44
陕　西	43	10 401	17 633	59.21	17.29
甘　肃	46	7 683	13 131	55.04	11.12
青　海	10	1 544	2 738	48.39	16.97
宁　夏	24	3 742	5 969	53.78	14.17
新　疆	60	11 774	21 365	59.57	13.45

7-7 全国四星级饭店的人均效益

地　区	全员劳动生产率（万元/人）	人均实现利润（万元/人）	人均占用固定资产原价（万元/人）	年末从业人员（人）
总　计	**15.74**	**0.04**	**30.72**	**527 237**
北　京	23.59	1.64	52.20	40 346
天　津	17.21	-1.00	33.50	7 035
河　北	12.22	-0.66	25.16	25 491
山　西	10.09	-0.88	21.12	15 310
内蒙古	13.42	-1.19	47.37	4 882
辽　宁	16.65	-1.51	50.55	16 113
吉　林	12.59	-1.65	33.35	10 246
黑龙江	10.57	-0.78	33.29	10 192
上　海	24.66	0.64	50.49	21 035
江　苏	17.61	0.41	27.67	41 785
浙　江	18.92	0.28	30.07	42 598
安　徽	13.61	0.31	29.43	17 363
福　建	13.23	0.47	17.95	29 867
江　西	12.33	0.12	24.04	12 483
山　东	15.15	-0.48	28.91	40 853
河　南	11.72	-0.78	22.85	12 668
湖　北	13.74	-0.45	29.17	12 943
湖　南	16.72	0.81	29.23	13 768
广　东	16.04	0.19	27.23	42 520
广　西	13.80	0.73	22.16	10 761
海　南	16.32	1.25	41.58	7 948
重　庆	14.60	0.58	17.27	11 407
四　川	14.88	0.03	30.69	18 988
贵　州	12.86	0.07	16.50	7 342
云　南	13.02	0.36	27.00	10 321
西　藏	7.40	0.14	32.02	3 358
陕　西	13.25	-0.77	24.01	13 574
甘　肃	9.12	0.04	20.50	9 364
青　海	12.20	0.21	22.38	2 148
宁　夏	10.90	-1.64	24.62	4 864
新　疆	16.39	-1.09	37.96	9 664

八、全国三星级饭店综合资料

8-1 全国三星级饭店

饭店注册登记类型	饭店数 （家）	客房数 （间）	床位数 （张）
合　计	**5 379**	**603 185**	**1 081 088**
国有企业	1 594	193 739	353 824
集体企业	228	26 025	47 616
股份合作企业	107	12 393	22 651
国有联营	5	347	644
集体联营	9	721	1 269
国有与集体联营	4	688	1 254
其他联营	6	520	915
国有独资公司	162	17 536	30 350
其他有限责任公司	152	20 591	36 740
股份有限公司	289	32 423	58 659
私营独资	783	72 616	131 611
私营合伙	165	16 865	28 537
私营有限责任公司	878	98 482	173 430
私营股份有限公司	98	11 038	27 649
其他	756	80 810	134 178
与港澳台商合资经营	30	4 572	7 824
与港澳台商合作经营	9	1 316	2 260
港澳台商独资	23	2 726	4 628
港澳台商投资股份有限公司	8	1 162	2 035
中外合资经营	35	3 776	6 658
中外合作经营	10	1 343	2 399
外资企业	20	2 543	4 450
外商投资股份有限公司	8	953	1 507

综合情况

客　房 出租率 （%）	营业收入 （万元）	营业税金 及 附 加 （万元）	固定资产 原　　价 （万元）
59.24	**6 913 881.15**	**411 591.10**	**11 598 428.80**
59.48	2 386 901.31	122 958.24	4 495 446.13
57.53	324 718.63	27 755.16	597 507.65
60.60	143 064.89	7 085.72	198 741.88
64.65	3 265.11	209.52	9 986.74
64.90	7 381.60	391.73	12 671.33
58.63	6 966.65	379.36	12 713.78
74.77	7 123.00	455.40	3 438.40
60.67	266 678.51	14 532.41	319 517.57
56.87	294 561.16	17 935.49	558 585.23
60.19	350 400.28	19 601.72	577 304.93
58.57	641 436.75	35 536.26	952 545.58
62.06	178 273.47	10 552.58	239 859.00
59.02	1 009 802.11	58 648.74	1 422 358.37
60.98	88 306.82	4 654.37	123 231.84
58.27	979 081.70	78 109.55	1 583 313.75
58.35	66 919.33	3 637.92	139 648.42
60.30	18 455.21	1 082.77	17 564.52
63.98	29 804.52	1 736.15	60 397.44
55.04	11 547.80	583.96	22 931.38
60.10	47 006.29	2 777.45	91 609.33
53.73	19 828.41	1 233.60	87 067.29
60.25	19 278.10	1 013.00	45 823.04
68.42	13 079.50	720.00	26 165.20

8-2　全国三星级饭店

地　区	总计	国有企业	集体企业	股份合作企业	国有联营	集体联营	国有与集体联营	其他联营	国有独资公司	其他有限责任公司	股份有限公司	私营独资
总　计	**5 379**	**1 594**	**228**	**107**	**5**	**9**	**4**	**6**	**162**	**152**	**289**	**783**
北　京	206	78	21	5	0	0	0	0	5	68	2	3
天　津	46	19	3	1	0	0	0	0	0	0	1	0
河　北	193	82	10	5	0	0	1	0	0	0	8	21
山　西	130	53	4	2	0	0	0	0	0	0	14	14
内蒙古	83	23	4	0	0	0	0	0	0	0	8	12
辽　宁	198	78	9	1	0	1	1	2	0	0	6	35
吉　林	85	32	13	2	0	0	0	0	0	0	4	11
黑龙江	116	42	2	5	1	0	0	0	0	0	7	23
上　海	109	50	11	2	0	0	1	0	5	0	5	5
江　苏	322	61	10	9	0	0	0	0	131	0	21	81
浙　江	322	47	21	7	0	2	1	1	1	0	25	26
安　徽	163	41	3	6	0	0	0	0	0	0	8	29
福　建	195	50	7	2	0	0	0	1	0	0	6	15
江　西	170	54	1	4	0	0	0	0	0	0	15	30
山　东	452	159	30	7	0	2	0	1	0	0	27	41
河　南	177	55	12	0	0	0	0	1	1	0	13	25
湖　北	162	51	5	6	1	0	0	0	3	0	8	19
湖　南	198	51	4	13	0	0	0	0	0	0	10	38
广　东	544	67	14	5	2	1	0	0	12	70	21	71
广　西	187	47	2	2	0	0	0	0	0	0	9	46
海　南	72	25	0	2	1	1	0	0	0	0	1	7
重　庆	118	31	4	3	0	0	0	0	0	0	7	14
四　川	169	100	3	7	0	0	0	0	0	14	13	14
贵　州	126	33	2	2	0	0	0	0	0	0	7	40
云　南	150	37	6	1	0	0	0	0	1	0	7	35
西　藏	44	16	3	1	0	1	0	0	0	0	2	5
陕　西	166	54	6	2	0	1	0	0	1	0	12	13
甘　肃	136	42	8	2	0	0	0	0	0	0	14	28
青　海	40	11	3	0	0	0	0	0	0	0	1	10
宁　夏	45	9	1	1	0	0	0	0	1	0	2	6
新　疆	255	96	6	2	0	0	0	0	1	0	5	66

的注册登记类型

单位：家

私营合伙	私营有限责任公司	私营股份有限公司	其他	与港澳台商合资经营	与港澳台商合作经营	港澳台商独资	港澳台商投资股份有限公司	中外合资经营	中外合作经营	外资企业	外商投资股份有限公司
165	**878**	**98**	**756**	**30**	**9**	**23**	**8**	**35**	**10**	**20**	**8**
2	18	0	0	3	0	0	0	0	1	0	0
0	0	0	22	0	0	0	0	0	0	0	0
1	25	3	33	0	0	0	0	1	0	2	1
2	24	4	11	1	0	1	0	0	0	0	0
1	17	1	17	0	0	0	0	0	0	0	0
1	25	1	23	1	1	1	0	8	0	3	1
0	17	0	6	0	0	0	0	0	0	0	0
0	18	1	15	1	0	1	0	0	0	0	0
0	12	1	17	0	0	0	0	0	0	0	0
0	0	0	5	1	0	0	0	1	1	1	0
27	105	8	43	0	0	0	2	1	1	1	3
4	37	2	29	2	0	1	1	0	0	0	0
19	47	2	28	5	0	4	0	5	0	4	0
9	34	6	15	1	0	0	0	0	0	1	0
2	86	7	77	2	0	2	0	7	0	1	1
2	31	3	33	0	0	0	0	1	0	0	0
4	26	8	27	0	0	1	0	0	0	3	0
12	34	18	11	1	0	2	2	1	0	1	0
27	70	13	132	9	8	6	3	6	5	1	1
14	38	3	23	0	0	2	0	0	1	0	0
1	16	1	15	0	0	2	0	0	0	0	0
7	27	2	22	1	0	0	0	0	0	0	0
7	8	0	2	1	0	0	0	0	0	0	0
6	20	2	13	1	0	0	0	0	0	0	0
3	33	3	19	0	0	0	0	2	0	2	1
3	6	0	6	0	0	0	0	1	0	0	0
3	24	2	46	0	0	0	0	1	1	0	0
0	20	3	19	0	0	0	0	0	0	0	0
2	6	0	7	0	0	0	0	0	0	0	0
2	14	0	9	0	0	0	0	0	0	0	0
4	40	4	31	0	0	0	0	0	0	0	0

8-3 全国三星级饭店的地区分布

地 区	饭店数（家）	客房数（间）	床位数（张）	客房出租率（%）	营业收入（万元）	营业税金及附加（万元）	固定资产原价（万元）
总 计	**5 379**	**603 185**	**1 081 088**	**59.24**	**6 913 881.15**	**411 591.10**	**11 598 428.80**
北 京	206	35 834	65 131	57.70	586 622.50	33 103.20	1 267 959.60
天 津	46	5 949	10 114	49.38	80 544.79	4 502.37	125 302.46
河 北	193	22 550	42 257	50.91	232 463.75	12 571.83	418 576.03
山 西	130	14 098	26 053	62.21	198 541.71	10 885.86	343 081.62
内蒙古	83	9 385	16 824	50.35	105 999.85	5 676.54	172 454.80
辽 宁	198	21 771	39 423	53.92	209 795.42	10 363.05	521 977.66
吉 林	85	7 528	14 129	51.65	77 335.01	5 037.66	151 804.55
黑龙江	116	11 303	21 562	48.86	87 788.22	3 693.70	151 761.52
上 海	109	16 061	26 723	49.68	239 537.41	12 218.11	532 401.15
江 苏	322	30 602	54 172	61.45	462 332.14	24 360.33	475 116.61
浙 江	322	38 089	66 095	59.04	589 646.29	31 350.47	943 891.90
安 徽	163	16 856	31 753	59.22	195 511.05	9 728.64	265 535.18
福 建	195	20 246	34 847	60.08	234 353.04	13 593.53	290 735.14
江 西	170	18 538	33 282	59.69	120 036.51	6 808.03	219 744.16
山 东	452	47 905	87 758	63.02	627 695.43	31 560.85	927 754.26
河 南	177	20 418	37 615	62.85	217 771.70	12 347.04	362 605.33
湖 北	162	17 355	30 537	59.94	175 224.80	8 979.99	304 999.25
湖 南	198	24 772	44 392	76.67	296 881.36	16 720.54	382 177.32
广 东	544	59 738	99 825	57.57	743 897.42	44 401.50	995 395.45
广 西	187	22 599	40 307	59.81	153 295.42	9 022.57	257 174.44
海 南	72	8 360	15 388	58.31	43 154.72	2 401.18	91 076.91
重 庆	118	12 010	21 226	59.12	118 066.24	6 586.55	172 767.29
四 川	169	18 742	32 549	64.01	242 014.61	13 418.79	427 051.01
贵 州	126	11 832	21 644	62.58	85 130.55	4 743.93	152 435.70
云 南	150	16 839	30 736	58.59	161 271.53	6 066.90	298 838.37
西 藏	44	4 268	8 096	66.68	15 063.29	997.95	203 397.55
陕 西	166	19 601	36 921	59.73	204 337.62	11 207.11	329 211.09
甘 肃	136	15 198	28 141	58.56	123 340.30	5 917.20	292 476.30
青 海	40	4 471	8 196	49.59	25 634.52	29 455.68	70 840.66
宁 夏	45	3 975	7 012	56.14	44 080.19	2 259.96	79 207.53
新 疆	255	26 292	48 380	60.37	216 513.76	21 610.04	370 677.96

8-4 全国三星级饭店的营业收入总额

单位：万元

地　区	营业收入		
		#客房	#餐饮
总　计	**6 913 881.15**	**2 689 392.58**	**3 170 539.98**
北　京	586 622.50	265 058.30	199 291.60
天　津	80 544.79	26 971.68	37 411.10
河　北	232 463.75	77 740.90	131 173.16
山　西	198 541.71	72 983.71	101 214.09
内蒙古	105 999.85	38 783.00	58 824.40
辽　宁	209 795.42	88 705.69	94 055.78
吉　林	77 335.01	31 625.77	38 852.29
黑龙江	87 788.22	38 465.66	29 397.42
上　海	239 537.41	95 940.39	87 175.02
江　苏	462 332.14	129 682.10	280 006.43
浙　江	589 646.29	189 098.95	309 546.37
安　徽	195 511.05	66 908.05	92 167.84
福　建	234 353.04	90 262.26	111 565.75
江　西	120 036.51	58 613.24	55 508.62
山　东	627 695.43	222 586.22	335 874.22
河　南	217 771.70	74 641.23	110 462.58
湖　北	175 224.80	68 832.36	76 560.64
湖　南	296 881.36	117 623.45	124 410.21
广　东	743 897.42	295 814.86	323 543.09
广　西	153 295.42	68 060.77	62 177.45
海　南	43 154.72	25 136.27	13 488.82
重　庆	118 066.24	51 326.61	47 295.81
四　川	242 014.61	107 210.50	102 290.20
贵　州	85 130.55	45 649.94	26 985.69
云　南	161 271.53	57 374.43	35 387.98
西　藏	15 063.29	10 227.97	3 108.46
陕　西	204 337.62	77 785.02	103 404.28
甘　肃	123 340.30	59 056.88	54 125.33
青　海	25 634.52	15 137.82	9 332.35
宁　夏	44 080.19	15 965.46	23 963.19
新　疆	216 513.76	106 123.09	91 939.81

8-5 全国三星级饭店的营业收入构成

地　区	营业收入（万元）	#客房（%）	#餐饮（%）
总　计	**6 913 881.15**	**38.90**	**45.86**
北　京	586 622.50	45.18	33.97
天　津	80 544.79	33.49	46.45
河　北	232 463.75	33.44	56.43
山　西	198 541.71	36.76	50.98
内蒙古	105 999.85	36.59	55.49
辽　宁	209 795.42	42.28	44.83
吉　林	77 335.01	40.89	50.24
黑龙江	87 788.22	43.82	33.49
上　海	239 537.41	40.05	36.39
江　苏	462 332.14	28.05	60.56
浙　江	589 646.29	32.07	52.50
安　徽	195 511.05	34.22	47.14
福　建	234 353.04	38.52	47.61
江　西	120 036.51	48.83	46.24
山　东	627 695.43	35.46	53.51
河　南	217 771.70	34.27	50.72
湖　北	175 224.80	39.28	43.69
湖　南	296 881.36	39.62	41.91
广　东	743 897.42	39.77	43.49
广　西	153 295.42	44.40	40.56
海　南	43 154.72	58.25	31.26
重　庆	118 066.24	43.47	40.06
四　川	242 014.61	44.30	42.27
贵　州	85 130.55	53.62	31.70
云　南	161 271.53	35.58	21.94
西　藏	15 063.29	67.90	20.64
陕　西	204 337.62	38.07	50.60
甘　肃	123 340.30	47.88	43.88
青　海	25 634.52	59.05	36.41
宁　夏	44 080.19	36.22	54.36
新　疆	216 513.76	49.01	42.46

8-6 全国三星级饭店每间客房的收益

地区	饭店数（家）	饭店规模		客房出租率（%）	每间客房年收入（万元）
		客房数（间）	床位数（张）		
总计	**5 379**	**603 185**	**1 081 088**	**59.24**	**11.46**
北京	206	35 834	65 131	57.70	16.37
天津	46	5 949	10 114	49.38	13.54
河北	193	22 550	42 257	50.91	10.31
山西	130	14 098	26 053	62.21	14.08
内蒙古	83	9 385	16 824	50.35	11.29
辽宁	198	21 771	39 423	53.92	9.64
吉林	85	7 528	14 129	51.65	10.27
黑龙江	116	11 303	21 562	48.86	7.77
上海	109	16 061	26 723	49.68	14.91
江苏	322	30 602	54 172	61.45	15.11
浙江	322	38 089	66 095	59.04	15.48
安徽	163	16 856	31 753	59.22	11.60
福建	195	20 246	34 847	60.08	11.58
江西	170	18 538	33 282	59.69	6.48
山东	452	47 905	87 758	63.02	13.10
河南	177	20 418	37 615	62.85	10.67
湖北	162	17 355	30 537	59.94	10.10
湖南	198	24 772	44 392	76.67	11.98
广东	544	59 738	99 825	57.57	12.45
广西	187	22 599	40 307	59.81	6.78
海南	72	8 360	15 388	58.31	5.16
重庆	118	12 010	21 226	59.12	9.83
四川	169	18 742	32 549	64.01	12.91
贵州	126	11 832	21 644	62.58	7.19
云南	150	16 839	30 736	58.59	9.58
西藏	44	4 268	8 096	66.68	3.53
陕西	166	19 601	36 921	59.73	10.42
甘肃	136	15 198	28 141	58.56	8.12
青海	40	4 471	8 196	49.59	5.73
宁夏	45	3 975	7 012	56.14	11.09
新疆	255	26 292	48 380	60.37	8.23

8-7 全国三星级饭店的人均效益

地　区	全员劳动生产率（万元/人）	人均实现利润（万元/人）	人均占用固定资产原价（万元/人）	年末从业人员（人）
总　计	**11.48**	**-0.12**	**19.25**	**602 428**
北　京	17.70	-0.32	38.26	33 138
天　津	12.95	-0.52	20.14	6 222
河　北	10.87	-0.46	19.58	21 377
山　西	10.50	-0.68	18.15	18 907
内蒙古	10.96	-0.62	17.82	9 675
辽　宁	10.98	-0.77	27.32	19 109
吉　林	11.43	-0.61	22.43	6 768
黑龙江	11.59	0.33	20.03	7 576
上　海	18.09	-2.01	40.20	13 244
江　苏	14.38	0.03	14.78	32 149
浙　江	15.29	-0.24	24.48	38 563
安　徽	12.93	0.47	17.56	15 118
福　建	5.37	-0.01	6.66	43 655
江　西	9.41	0.72	17.23	12 756
山　东	13.50	0.04	19.95	46 505
河　南	9.69	-0.12	16.13	22 474
湖　北	10.97	-0.15	19.09	15 973
湖　南	13.08	0.21	16.84	22 694
广　东	12.99	0.29	17.38	57 268
广　西	10.15	-0.35	17.02	15 108
海　南	10.13	-1.38	21.38	4 260
重　庆	10.69	0.23	15.64	11 046
四　川	10.82	-0.26	19.09	22 369
贵　州	8.27	0.39	14.80	10 300
云　南	4.96	-0.10	9.20	32 484
西　藏	7.09	0.16	95.67	2 126
陕　西	9.09	-0.02	14.64	22 491
甘　肃	9.30	0.08	22.05	13 266
青　海	7.97	0.15	22.03	3 215
宁　夏	11.09	-0.43	19.93	3 974
新　疆	11.63	0.17	19.91	18 618

九、全国二星级饭店综合资料

9-1 全国二星级饭店

	饭店数（家）	客房数（间）	床位数（张）
合　计	**3 020**	**197 534**	**369 338**
国有企业	907	64 823	123 057
集体企业	182	11 256	21 670
股份合作企业	69	5 178	10 248
国有联营	3	196	371
集体联营	6	487	920
国有与集体联营	3	178	344
其他联营	1	22	44
国有独资公司	70	4 098	7 451
其他有限责任公司	63	5 251	10 335
股份有限公司	137	9 772	18 233
私营独资	714	38 802	71 787
私营合伙	150	9 026	16 102
私营有限责任公司	385	26 656	48 755
私营股份有限公司	50	3 572	6 472
其他	254	16 253	30 232
与港澳台商合资经营	5	422	755
与港澳台商合作经营	3	115	225
港澳台商独资	4	235	399
港澳台商投资股份有限公司	—	—	—
中外合资经营	3	255	462
中外合作经营	2	95	176
外资企业	6	455	810
外商投资股份有限公司	3	387	490

综合情况

客房 出租率 （%）	营业收入 （万元）	营业税金 及附加 （万元）	固定资产 原价 （万元）
57.26	**1 359 707.77**	**102 585.76**	**2 238 951.73**
54.68	467 606.52	39 399.45	823 726.88
53.51	81 315.73	4 799.55	115 530.35
53.06	27 303.90	1 458.36	122 035.42
37.53	428.80	27.80	1 315.30
62.84	4 857.58	100.79	2 167.80
63.82	2 040.20	97.70	1 466.80
36.36	17.80	0.01	486.00
62.77	42 666.33	2 116.08	32 780.89
68.66	49 520.17	3 853.08	31 342.30
60.73	63 200.13	6 394.93	92 885.62
57.29	221 798.43	21 142.18	430 279.74
61.29	58 397.34	3 513.13	84 340.34
59.27	187 087.81	10 934.97	249 318.54
53.86	22 683.86	1 160.23	26 889.41
54.31	114 521.87	6 700.54	192 318.47
73.13	4 671.43	234.90	5 270.81
79.67	1 133.12	75.97	2 015.26
79.08	2 038.84	112.60	2 017.50
—	—	—	—
54.72	2 346.51	119.50	6 539.10
20.80	248.50	10.70	3 480.60
68.71	1 726.10	111.89	2 690.30
78.44	4 096.80	221.40	10 054.30

9-2　全国二星级饭店

地　区	总计	国有企业	集体企业	股份合作企业	国有联营	集体联营	国有与集体联营	其他联营	国有独资公司	其他有限责任公司	股份有限公司	私营独资
总　计	**3 020**	**907**	**182**	**69**	**3**	**6**	**3**	**1**	**70**	**63**	**137**	**714**
北　京	178	50	12	12	0	0	0	0	4	48	1	6
天　津	12	1	0	0	0	0	0	0	0	0	1	0
河　北	80	43	7	0	0	0	0	0	0	0	4	11
山　西	75	34	5	4	0	0	0	0	0	0	7	11
内蒙古	131	28	8	2	0	0	0	0	0	0	4	38
辽　宁	113	39	10	2	0	0	0	0	0	0	6	20
吉　林	58	22	4	2	0	0	0	0	0	0	1	16
黑龙江	65	27	1	0	1	0	0	0	0	0	4	18
上　海	52	17	5	1	0	0	0	0	1	0	7	4
江　苏	165	17	13	0	0	0	0	0	62	0	15	54
浙　江	239	34	17	10	0	0	0	0	0	0	8	43
安　徽	110	30	6	1	0	0	0	0	0	0	14	27
福　建	47	21	5	1	0	0	0	0	1	0	1	6
江　西	42	22	1	3	0	0	0	0	0	0	2	4
山　东	161	44	9	7	0	0	0	0	0	0	13	39
河　南	94	42	17	3	0	0	0	0	0	0	5	10
湖　北	118	42	5	2	0	0	0	0	0	0	1	22
湖　南	182	31	3	4	0	0	0	0	0	0	10	76
广　东	129	34	9	1	0	1	0	0	2	7	5	16
广　西	94	29	8	3	1	0	0	0	0	0	3	25
海　南	14	2	1	0	0	0	0	0	0	0	2	3
重　庆	50	12	4	0	0	0	0	0	0	0	3	15
四　川	120	70	1	3	0	0	0	0	0	8	1	15
贵　州	110	32	1	1	1	0	0	0	0	0	1	48
云　南	249	59	15	3	0	4	0	1	0	0	9	107
西　藏	38	9	5	1	0	0	0	0	0	0	0	7
陕　西	64	36	2	1	0	1	0	0	0	0	3	6
甘　肃	93	40	6	2	0	0	3	0	0	0	3	24
青　海	30	9	0	0	0	0	0	0	0	0	1	13
宁　夏	7	0	0	0	0	0	0	0	0	0	0	2
新　疆	100	31	2	0	0	0	0	0	0	0	2	28

的注册登记类型

单位：家

私营合伙	私营有限责任公司	私营股份有限公司	其他	与港澳台商合资经营	与港澳台商合作经营	港澳台商独资	港澳台商投资股份有限公司	中外合资经营	中外合作经营	外资企业	外商投资股份有限公司
150	**385**	**50**	**254**	**5**	**3**	**4**	**0**	**3**	**2**	**6**	**3**
3	41	1	0	0	0	0	0	0	0	0	0
0	0	0	10	0	0	0	0	0	0	0	0
0	7	0	8	0	0	0	0	0	0	0	0
2	6	2	4	0	0	0	0	0	0	0	0
2	18	3	28	0	0	0	0	0	0	0	0
3	16	1	14	0	0	0	0	0	0	1	1
0	6	1	6	0	0	0	0	0	0	0	0
2	7	1	4	0	0	0	0	0	0	0	0
0	13	0	4	0	0	0	0	0	0	0	0
0	0	0	3	0	0	1	0	0	0	0	0
54	53	8	11	0	0	0	0	0	0	0	1
3	13	3	12	0	0	0	0	0	0	1	0
2	3	2	3	0	0	0	0	1	1	0	0
2	3	1	4	0	0	0	0	0	0	0	0
1	25	1	21	0	0	1	0	0	0	0	0
0	12	1	4	0	0	0	0	0	0	0	0
11	15	2	15	1	0	0	0	1	0	0	1
20	28	1	7	1	0	1	0	0	0	0	0
1	12	4	33	1	2	1	0	0	0	0	0
8	6	1	10	0	0	0	0	0	0	0	0
0	0	1	3	0	1	0	0	0	0	1	0
4	5	3	4	0	0	0	0	0	0	0	0
8	12	1	0	0	0	0	0	0	0	1	0
6	13	2	5	0	0	0	0	0	0	0	0
7	24	4	11	2	0	0	0	1	1	1	0
3	6	0	6	0	0	0	0	0	0	1	0
1	4	2	8	0	0	0	0	0	0	0	0
0	12	2	1	0	0	0	0	0	0	0	0
0	4	0	3	0	0	0	0	0	0	0	0
0	3	0	2	0	0	0	0	0	0	0	0
7	18	2	10	0	0	0	0	0	0	0	0

9-3 全国二星级饭店的地区分布

地　区	饭店数（家）	客房数（间）	床位数（张）	客房出租率（%）	营业收入（万元）	营业税金及附加（万元）	固定资产原价（万元）
总　计	**3 020**	**197 534**	**369 338**	**57.26**	**1 359 707.77**	**102 585.76**	**2 238 951.73**
北　京	178	14 466	29 605	56.20	132 865.50	8 196.20	129 507.90
天　津	12	1 082	2 223	55.65	6 827.97	405.58	19 183.32
河　北	80	5 918	12 275	44.30	48 617.11	2 759.79	67 331.10
山　西	75	4 969	9 692	58.04	43 433.17	3 921.56	102 350.18
内蒙古	131	8 004	15 496	51.68	54 596.14	2 809.05	101 841.49
辽　宁	113	8 312	15 542	56.18	52 058.15	2 719.22	75 902.08
吉　林	58	3 079	6 259	42.76	17 281.98	795.10	33 723.92
黑龙江	65	3 684	7 427	43.25	12 277.35	634.31	27 462.78
上　海	52	3 735	6 555	59.81	39 535.16	2 063.05	57 795.71
江　苏	165	8 914	16 040	62.98	86 637.91	4 119.10	66 143.88
浙　江	239	17 182	29 537	58.64	134 740.69	7 922.24	183 077.25
安　徽	110	6 473	11 929	56.97	50 723.07	2 705.32	86 190.31
福　建	47	2 890	5 303	55.43	22 503.68	1 396.44	26 342.89
江　西	42	3 075	5 826	49.32	10 979.77	600.89	19 633.20
山　东	161	9 308	17 853	62.86	73 529.38	5 228.60	123 073.67
河　南	94	7 274	14 174	58.44	47 345.39	2 583.62	64 457.63
湖　北	118	7 482	13 328	51.31	47 815.84	2 581.90	84 202.17
湖　南	182	12 222	21 647	73.81	73 467.92	6 654.61	116 562.38
广　东	129	7 541	13 260	59.38	63 935.21	4 037.81	151 765.32
广　西	94	7 801	13 726	58.57	42 482.49	10 596.71	62 775.16
海　南	14	998	1 863	52.01	3 736.04	222.19	13 791.65
重　庆	50	2 878	5 213	53.62	15 835.40	851.96	33 183.09
四　川	120	8 678	15 059	66.67	76 830.94	3 879.42	119 204.36
贵　州	110	4 515	8 286	58.24	21 222.69	1 299.41	53 353.67
云　南	249	15 154	28 620	52.65	68 977.15	17 432.52	198 257.00
西　藏	38	2 521	5 123	60.64	11 535.01	862.16	42 649.13
陕　西	64	4 754	9 263	58.25	39 322.08	1 822.16	45 343.78
甘　肃	93	5 443	10 474	52.09	27 518.34	1 759.91	59 725.06
青　海	30	1 582	3 043	44.23	4 066.98	217.13	11 848.90
宁　夏	7	591	1 139	66.02	3 442.70	195.27	5 307.70
新　疆	100	7 009	13 558	55.32	25 566.56	1 312.53	56 965.05

9-4 全国二星级饭店的营业收入总额

单位：万元

地　区	营业收入		
		#客房	#餐饮
总　计	**1 359 707.77**	**618 256.77**	**586 350.52**
北　京	132 865.50	80 972.40	36 489.10
天　津	6 827.97	3 320.51	2 775.10
河　北	48 617.11	12 489.53	28 833.48
山　西	43 433.17	17 073.60	23 305.75
内蒙古	54 596.14	21 439.94	30 948.89
辽　宁	52 058.15	26 884.19	18 330.76
吉　林	17 281.98	7 112.70	9 204.63
黑龙江	12 277.35	7 350.95	3 784.49
上　海	39 535.16	18 538.17	13 423.17
江　苏	86 637.91	30 112.29	46 032.41
浙　江	134 740.69	59 562.21	56 666.64
安　徽	50 723.07	18 740.06	27 950.08
福　建	22 503.68	8 402.27	12 986.61
江　西	10 979.77	6 886.38	3 344.83
山　东	73 529.38	26 132.44	44 007.04
河　南	47 345.39	17 488.79	24 931.57
湖　北	47 815.84	21 036.49	19 212.02
湖　南	73 467.92	40 564.47	31 550.87
广　东	63 935.21	33 786.06	21 562.01
广　西	42 482.49	18 760.92	16 324.23
海　南	3 736.04	1 959.33	1 506.33
重　庆	15 835.40	6 314.55	7 259.72
四　川	76 830.94	30 291.50	33 491.50
贵　州	21 222.69	11 775.79	6 894.82
云　南	68 977.15	36 959.57	19 926.53
西　藏	11 535.01	7 386.85	1 886.54
陕　西	39 322.08	14 491.90	20 391.53
甘　肃	27 518.34	11 569.78	12 608.57
青　海	4 066.98	3 314.08	621.20
宁　夏	3 442.70	1 720.90	1 683.90
新　疆	25 566.56	15 818.15	8 416.20

9-5 全国二星级饭店的营业收入构成

地区	营业收入（万元）	#客房（%）	#餐饮（%）
总计	**1 359 707.77**	**45.47**	**43.12**
北京	132 865.50	60.94	27.46
天津	6 827.97	48.63	40.64
河北	48 617.11	25.69	59.31
山西	43 433.17	39.31	53.66
内蒙古	54 596.14	39.27	56.69
辽宁	52 058.15	51.64	35.21
吉林	17 281.98	41.16	53.26
黑龙江	12 277.35	59.87	30.82
上海	39 535.16	46.89	33.95
江苏	86 637.91	34.76	53.13
浙江	134 740.69	44.21	42.06
安徽	50 723.07	36.95	55.10
福建	22 503.68	37.34	57.71
江西	10 979.77	62.72	30.46
山东	73 529.38	35.54	59.85
河南	47 345.39	36.94	52.66
湖北	47 815.84	43.99	40.18
湖南	73 467.92	55.21	42.95
广东	63 935.21	52.84	33.72
广西	42 482.49	44.16	38.43
海南	3 736.04	52.44	40.32
重庆	15 835.40	39.88	45.84
四川	76 830.94	39.43	43.59
贵州	21 222.69	55.49	32.49
云南	68 977.15	53.58	28.89
西藏	11 535.01	64.04	16.35
陕西	39 322.08	36.85	51.86
甘肃	27 518.34	42.04	45.82
青海	4 066.98	81.49	15.27
宁夏	3 442.70	49.99	48.91
新疆	25 566.56	61.87	32.92

9-6 全国二星级饭店每间客房的收益

地　区	饭店数（家）	饭店规模		客　房出租率（%）	每间客房年收入（万元）
		客房数（间）	床位数（张）		
总　计	**3 020**	**197 534**	**369 338**	**57.26**	**6.88**
北　京	178	14 466	29 605	56.20	9.18
天　津	12	1 082	2 223	55.65	6.31
河　北	80	5 918	12 275	44.30	8.22
山　西	75	4 969	9 692	58.04	8.74
内蒙古	131	8 004	15 496	51.68	6.82
辽　宁	113	8 312	15 542	56.18	6.26
吉　林	58	3 079	6 259	42.76	5.61
黑龙江	65	3 684	7 427	43.25	3.33
上　海	52	3 735	6 555	59.81	10.59
江　苏	165	8 914	16 040	62.98	9.72
浙　江	239	17 182	29 537	58.64	7.84
安　徽	110	6 473	11 929	56.97	7.84
福　建	47	2 890	5 303	55.43	7.79
江　西	42	3 075	5 826	49.32	3.57
山　东	161	9 308	17 853	62.86	7.90
河　南	94	7 274	14 174	58.44	6.51
湖　北	118	7 482	13 328	51.31	6.39
湖　南	182	12 222	21 647	73.81	6.01
广　东	129	7 541	13 260	59.38	8.48
广　西	94	7 801	13 726	58.57	5.45
海　南	14	998	1 863	52.01	3.74
重　庆	50	2 878	5 213	53.62	5.50
四　川	120	8 678	15 059	66.67	8.85
贵　州	110	4 515	8 286	58.24	4.70
云　南	249	15 154	28 620	52.65	4.55
西　藏	38	2 521	5 123	60.64	4.58
陕　西	64	4 754	9 263	58.25	8.27
甘　肃	93	5 443	10 474	52.09	5.06
青　海	30	1 582	3 043	44.23	2.57
宁　夏	7	591	1 139	66.02	5.83
新　疆	100	7 009	13 558	55.32	3.65

9-7 全国二星级饭店的人均效益

地 区	全员劳动生产率（万元/人）	人均实现利润（万元/人）	人均占用固定资产原价（万元/人）	年末从业人员（人）
总 计	**9.87**	**0.03**	**16.25**	**137 753**
北 京	14.93	-0.07	14.55	8 902
天 津	9.94	-0.63	27.92	687
河 北	8.33	-0.11	11.54	5 836
山 西	7.77	-0.04	18.30	5 593
内蒙古	8.26	-1.10	15.41	6 608
辽 宁	7.11	-0.03	10.37	7 318
吉 林	8.03	-0.15	15.66	2 153
黑龙江	6.02	0.55	13.46	2 041
上 海	16.51	-0.23	24.13	2 395
江 苏	13.98	0.31	10.67	6 199
浙 江	13.01	0.08	17.67	10 359
安 徽	9.88	-0.02	16.78	5 136
福 建	10.58	0.13	12.39	2 126
江 西	8.16	0.06	14.60	1 345
山 东	10.69	-0.03	17.90	6 877
河 南	6.35	-0.10	8.65	7 454
湖 北	9.69	0.08	17.07	4 933
湖 南	7.91	0.49	12.56	9 284
广 东	14.17	0.63	33.64	4 511
广 西	9.46	0.11	13.98	4 491
海 南	9.65	-0.90	35.64	387
重 庆	8.54	-0.15	17.89	1 855
四 川	9.91	0.19	15.38	7 753
贵 州	6.77	0.35	17.02	3 135
云 南	9.10	-0.17	26.16	7 579
西 藏	8.73	0.37	32.26	1 322
陕 西	10.62	-0.19	12.25	3 701
甘 肃	7.20	0.26	15.62	3 823
青 海	6.52	0.01	18.99	624
宁 夏	7.91	-0.32	12.20	435
新 疆	8.84	0.36	19.70	2 891

十、全国一星级饭店综合资料

10-1 全国一星级饭店

	饭店数 （家）	客房数 （间）	床位数 （张）
合　计	**142**	**7 070**	**13 834**
国有企业	42	2 357	4 451
集体企业	10	675	1 356
股份合作企业	1	16	42
国有联营	—	—	—
集体联营	—	—	—
国有与集体联营	—	—	—
其他联营	1	16	32
国有独资公司	2	155	319
其他有限责任公司	5	233	497
股份有限公司	6	315	628
私营独资	41	1 690	3 289
私营合伙	10	451	818
私营有限责任公司	18	847	1 730
私营股份有限公司	—	—	—
其他	6	315	672
与港澳台商合资经营	—	—	—
与港澳台商合作经营	—	—	—
港澳台商独资	—	—	—
港澳台商投资股份有限公司	—	—	—
中外合资经营	—	—	—
中外合作经营	—	—	—
外资企业	—	—	—
外商投资股份有限公司	—	—	—

综合情况

客　房 出租率 （%）	营业收入 （万元）	营业税金 及附加 （万元）	固定资产 原　　价 （万元）
54.35	**29 455.40**	**1 697.09**	**49 346.14**
49.87	8 981.16	593.76	17 292.67
51.78	2 266.58	145.68	4 096.61
20.66	36.50	2.96	49.32
—	—	—	—
—	—	—	—
—	—	—	—
10.42	15.00	0.36	4.50
42.12	781.70	42.00	305.30
66.59	1 858.80	103.40	2 206.90
61.88	1 555.52	140.94	2 123.80
61.48	6 516.48	267.77	10 177.90
67.34	2 348.67	64.63	3 207.08
49.46	4 641.00	297.78	8 097.60
—	—	—	—
48.16	453.99	37.81	1 784.46
—	—	—	—
—	—	—	—
—	—	—	—
—	—	—	—
—	—	—	—
—	—	—	—
—	—	—	—
—	—	—	—

10-2 全国一星级饭店

地 区	总计	国有企业	集体企业	股份合作企业	国有联营	集体联营	国有与集体联营	其他联营	国有独资公司	其他有限责任公司	股份有限公司	私营独资
总 计	**142**	**42**	**10**	**1**	**0**	**0**	**0**	**1**	**2**	**5**	**6**	**41**
北 京	16	2	1	0	0	0	0	0	1	5	0	2
天 津	1	1	0	0	0	0	0	0	0	0	0	0
河 北	3	2	0	0	0	0	0	0	0	0	0	1
山 西	0	0	0	0	0	0	0	0	0	0	0	0
内蒙古	4	0	0	0	0	0	0	0	0	0	0	1
辽 宁	4	1	0	0	0	0	0	0	0	0	0	1
吉 林	1	0	0	0	0	0	0	1	0	0	0	0
黑龙江	3	2	0	0	0	0	0	0	0	0	0	0
上 海	2	1	0	0	0	0	0	0	0	0	0	0
江 苏	0	0	0	0	0	0	0	0	0	0	0	0
浙 江	17	1	0	1	0	0	0	0	1	0	1	3
安 徽	2	1	0	0	0	0	0	0	0	0	0	1
福 建	1	1	0	0	0	0	0	0	0	0	0	0
江 西	0	0	0	0	0	0	0	0	0	0	0	0
山 东	0	0	0	0	0	0	0	0	0	0	0	0
河 南	3	0	0	0	0	0	0	0	0	0	1	2
湖 北	5	4	0	0	0	0	0	0	0	0	0	1
湖 南	8	0	0	0	0	0	0	0	0	0	0	5
广 东	3	1	0	0	0	0	0	0	0	0	0	1
广 西	0	0	0	0	0	0	0	0	0	0	0	0
海 南	4	2	0	0	0	0	0	0	0	0	0	1
重 庆	1	1	0	0	0	0	0	0	0	0	0	0
四 川	6	4	0	0	0	0	0	0	0	0	0	1
贵 州	11	6	0	0	0	0	0	0	0	0	0	4
云 南	19	3	3	0	0	0	0	0	0	0	1	10
西 藏	7	0	5	0	0	0	0	0	0	0	0	2
陕 西	0	0	0	0	0	0	0	0	0	0	0	0
甘 肃	8	4	1	0	0	0	0	0	0	0	2	0
青 海	2	1	0	0	0	0	0	0	0	0	0	0
宁 夏	0	0	0	0	0	0	0	0	0	0	0	0
新 疆	11	4	0	0	0	0	0	0	0	0	1	5

的注册登记类型

单位：家

私营合伙	私营有限责任公司	私营股份有限公司	其他	与港澳台商合资经营	与港澳台商合作经营	港澳台商独资	港澳台商投资股份有限公司	中外合资经营	中外合作经营	外资企业	外商投资股份有限公司
10	**18**	**0**	**6**	**0**	**0**	**0**	**0**	**0**	**0**	**0**	**0**
0	5	0	0	0	0	0	0	0	0	0	0
0	0	0	0	0	0	0	0	0	0	0	0
0	0	0	0	0	0	0	0	0	0	0	0
0	0	0	0	0	0	0	0	0	0	0	0
0	2	0	1	0	0	0	0	0	0	0	0
0	1	0	1	0	0	0	0	0	0	0	0
0	0	0	0	0	0	0	0	0	0	0	0
0	1	0	0	0	0	0	0	0	0	0	0
0	1	0	0	0	0	0	0	0	0	0	0
0	0	0	0	0	0	0	0	0	0	0	0
5	5	0	0	0	0	0	0	0	0	0	0
0	0	0	0	0	0	0	0	0	0	0	0
0	0	0	0	0	0	0	0	0	0	0	0
0	0	0	0	0	0	0	0	0	0	0	0
0	0	0	0	0	0	0	0	0	0	0	0
0	0	0	0	0	0	0	0	0	0	0	0
0	0	0	0	0	0	0	0	0	0	0	0
2	1	0	0	0	0	0	0	0	0	0	0
0	1	0	0	0	0	0	0	0	0	0	0
0	0	0	0	0	0	0	0	0	0	0	0
0	0	0	1	0	0	0	0	0	0	0	0
0	0	0	0	0	0	0	0	0	0	0	0
1	0	0	0	0	0	0	0	0	0	0	0
0	1	0	0	0	0	0	0	0	0	0	0
1	0	0	1	0	0	0	0	0	0	0	0
0	0	0	0	0	0	0	0	0	0	0	0
0	0	0	0	0	0	0	0	0	0	0	0
1	0	0	0	0	0	0	0	0	0	0	0
0	0	0	1	0	0	0	0	0	0	0	0
0	0	0	0	0	0	0	0	0	0	0	0
0	0	0	1	0	0	0	0	0	0	0	0

10-3 全国一星级饭店的地区分布

地 区	饭店数（家）	客房数（间）	床位数（张）	客房出租率（%）	营业收入（万元）	营业税金及附加（万元）	固定资产原价（万元）
总 计	**142**	**7 070**	**13 834**	**54.35**	**29 455.40**	**1 697.09**	**49 346.14**
北 京	16	826	1 802	37.73	4 961.20	302.50	5 320.40
天 津	1	161	444	37.38	166.00	27.00	1 091.20
河 北	3	214	413	46.06	1 508.20	102.60	808.00
山 西	—	—	—	—	—	—	—
内蒙古	4	138	287	51.15	370.40	23.90	1 031.72
辽 宁	4	199	329	64.51	1 389.30	107.90	2 136.60
吉 林	1	16	32	10.42	15.00	0.36	4.50
黑龙江	3	125	216	70.86	750.50	20.10	2 153.80
上 海	2	144	277	57.26	658.09	41.79	1 078.02
江 苏	—	—	—	—	—	—	—
浙 江	17	661	1 204	50.32	4 155.38	204.62	3 700.16
安 徽	2	96	170	87.21	843.00	3.36	2 475.27
福 建	1	28	54	87.62	713.80	40.00	292.30
江 西	—	—	—	—	—	—	—
山 东	—	—	—	—	—	—	—
河 南	3	88	175	42.99	106.40	0.00	154.00
湖 北	5	222	406	33.43	929.59	56.14	673.62
湖 南	8	399	707	87.83	2 445.82	71.40	4 943.49
广 东	3	206	361	40.68	712.51	29.66	1 942.30
广 西	—	—	—	—	—	—	—
海 南	4	230	440	53.14	380.91	7.80	1 260.50
重 庆	1	72	135	30.00	286.00	15.98	436.07
四 川	6	451	643	67.55	1 856.51	95.05	2 704.75
贵 州	11	324	619	71.60	813.55	59.30	2 932.80
云 南	19	1 056	2 153	54.17	2 456.76	259.91	6 045.42
西 藏	7	456	1 015	66.54	1 451.38	43.81	2 974.25
陕 西	—	—	—	—	—	—	—
甘 肃	8	428	863	48.48	816.64	36.19	2 158.91
青 海	2	130	267	22.19	544.44	28.30	386.22
宁 夏	—	—	—	—	—	—	—
新 疆	11	400	822	56.06	1 124.02	119.42	2 641.84

10-4 全国一星级饭店的营业收入总额

单位：万元

地 区	营业收入	#客房	#餐饮
总 计	**29 455.40**	**17 391.34**	**10 475.63**
北 京	4 961.20	2 944.90	921.00
天 津	166.00	—	—
河 北	1 508.20	576.90	926.20
山 西	—	—	—
内蒙古	370.40	206.10	164.30
辽 宁	1 389.30	557.90	673.30
吉 林	15.00	6.00	9.00
黑龙江	750.50	405.70	251.70
上 海	658.09	343.08	308.00
江 苏	—	—	—
浙 江	4 155.38	1 334.49	1 181.80
安 徽	843.00	601.17	234.00
福 建	713.80	109.80	604.00
江 西	—	—	—
山 东	—	—	—
河 南	106.40	76.50	29.90
湖 北	929.59	659.58	252.70
湖 南	2 445.82	1 578.80	722.90
广 东	712.51	338.24	268.00
广 西	—	—	—
海 南	380.91	354.91	0.00
重 庆	286.00	103.13	144.33
四 川	1 856.51	1 123.80	654.50
贵 州	813.55	615.40	197.85
云 南	2 456.76	—	—
西 藏	1 451.38	830.70	620.68
陕 西	—	—	—
甘 肃	816.64	665.89	32.38
青 海	544.44	125.54	78.29
宁 夏	—	—	—
新 疆	1 124.02	—	—

10-5　全国一星级饭店的营业收入构成

地　区	营业收入（万元）	#客房（%）	#餐饮（%）
总　计	**29 455.40**	**59.04**	**35.56**
北　京	4 961.20	59.36	18.56
天　津	166.00	—	—
河　北	1 508.20	38.25	61.41
山　西	—	—	—
内蒙古	370.40	55.64	44.36
辽　宁	1 389.30	40.16	48.46
吉　林	15.00	40.00	60.00
黑龙江	750.50	54.06	33.54
上　海	658.09	52.13	46.80
江　苏	—	—	—
浙　江	4 155.38	32.11	28.44
安　徽	843.00	71.31	27.76
福　建	713.80	15.38	84.62
江　西	—	—	—
山　东	—	—	—
河　南	106.40	71.90	28.10
湖　北	929.59	70.95	27.18
湖　南	2 445.82	64.55	29.56
广　东	712.51	47.47	37.61
广　西	—	—	—
海　南	380.91	93.17	0.00
重　庆	286.00	36.06	50.47
四　川	1 856.51	60.53	35.25
贵　州	813.55	75.64	24.32
云　南	2 456.76	—	—
西　藏	1 451.38	57.24	42.76
陕　西	—	—	—
甘　肃	816.64	81.54	3.97
青　海	544.44	23.06	14.38
宁　夏	—	—	—
新　疆	1 124.02	—	—

10–6　全国一星级饭店每间客房的收益

地　区	饭店数（家）	饭店规模		客　房出租率（%）	每间客房年 收 入（万元）
		客房数（间）	床位数（张）		
总　计	**142**	**7 070**	**13 834**	**54.35**	**4.17**
北　京	16	826	1 802	37.73	6.01
天　津	1	161	444	37.38	1.03
河　北	3	214	413	46.06	7.05
山　西	—	—	—	—	—
内蒙古	4	138	287	51.15	2.68
辽　宁	4	199	329	64.51	6.98
吉　林	1	16	32	10.42	0.94
黑龙江	3	125	216	70.86	6.00
上　海	2	144	277	57.26	4.57
江　苏	—	—	—	—	—
浙　江	17	661	1 204	50.32	6.29
安　徽	2	96	170	87.21	8.78
福　建	1	28	54	87.62	25.49
江　西	—	—	—	—	—
山　东	—	—	—	—	—
河　南	3	88	175	42.99	1.21
湖　北	5	222	406	33.43	4.19
湖　南	8	399	707	87.83	6.13
广　东	3	206	361	40.68	3.46
广　西	—	—	—	—	—
海　南	4	230	440	53.14	1.66
重　庆	1	72	135	30.00	3.97
四　川	6	451	643	67.55	4.12
贵　州	11	324	619	71.60	2.51
云　南	19	1 056	2 153	54.17	2.33
西　藏	7	456	1 015	66.54	3.18
陕　西	—	—	—	—	—
甘　肃	8	428	863	48.48	1.91
青　海	2	130	267	22.19	4.19
宁　夏	—	—	—	—	—
新　疆	11	400	822	56.06	2.81

10-7 全国一星级饭店的人均效益

地　区	全员劳动生产率（万元/人）	人均实现利润（万元/人）	人均占用固定资产原价（万元/人）	年末从业人员（人）
总　计	**7.85**	**0.31**	**13.15**	**3 752**
北　京	13.82	0.93	14.82	359
天　津	0.85	-0.66	5.60	195
河　北	9.92	0.67	5.32	152
山　西	—	—	—	—
内蒙古	6.39	1.41	17.79	58
辽　宁	8.03	-0.80	12.35	173
吉　林	1.00	-0.01	0.30	15
黑龙江	2.35	0.12	6.73	320
上　海	13.43	0.49	22.00	49
江　苏	—	—	—	—
浙　江	9.11	0.51	8.11	456
安　徽	12.04	0.89	35.36	70
福　建	17.41	0.04	7.13	41
江　西	—	—	—	—
山　东	—	—	—	—
河　南	3.22	0.22	4.67	33
湖　北	1.00	0.28	7.24	93
湖　南	11.48	1.65	23.21	213
广　东	5.79	-0.08	15.79	123
广　西	—	—	—	—
海　南	6.80	0.00	22.51	56
重　庆	5.84	-0.39	8.90	49
四　川	10.67	0.14	15.54	174
贵　州	4.84	1.27	17.46	168
云　南	7.61	-0.60	18.72	323
西　藏	7.01	0.11	14.37	207
陕　西	—	—	—	—
甘　肃	5.63	0.14	14.89	145
青　海	11.58	0.34	8.22	47
宁　夏	—	—	—	—
新　疆	4.82	0.47	11.34	233

责任编辑：王　军
责任印制：冯冬青

图书在版编目（CIP）数据

中国旅游统计年鉴：副本. 2013 / 中华人民共和国国家旅游局编. -- 北京：中国旅游出版社, 2013.11
ISBN 978-7-5032-4847-4

Ⅰ. ①中…　Ⅱ. ①中…　Ⅲ. ①旅游业－统计资料－中国－2013－年鉴　Ⅳ. ①F592-66

中国版本图书馆CIP数据核字（2013）第270333号

书　　名：中国旅游统计年鉴（副本）2013
作　　者：中华人民共和国国家旅游局
出版发行：中国旅游出版社
（北京建国门内大街甲9号　邮编：100005）
http://www.cttp.net.cn　E-mail:cttp@cnta.gov.cn
发行部电话：010-85166503
排　　版：北京中文天地文化艺术有限公司
印　　刷：北京工商事务印刷有限公司
版　　次：2013年11月第1版　2013年11月第1次印刷
开　　本：787毫米×1092毫米　1/16
印　　张：10.5
字　　数：220千
定　　价：120.00元
I S B N　978-7-5032-4847-4